KB187527

가슴을 넓혀주는 감동 교육

훈 화 집

가슴을 넓혀주는 감동 교육
훈화집
박춘길 지음
청연

가슴을 넓혀주는 감동 교육

훈 화 집

박춘길 지음

도서출판 청연

가슴을 넓혀주는 감동 교육
훈화집
박춘길 지음
청연

≪훈화집≫을,

사랑하는 ＿＿＿＿＿＿＿＿님께 드립니다.

심성의 형성은 학교 교과서에서 배우는 것도 아니요,
누가 일일이 지도해 주는 것도 아니다.
오로지 자신이 세상을 살아가면서 삶의 현장에서
스스로 터득하는 과정에서만 습득되는 것이다.
-내용 중에서-

저자 서문
후세를 위해 재목을 기르는 일…

느티나무를 제목으로 기르기 위해서는 백년은 길러야 한다. 그러나 호박을 기르기 위해서는 불과 1년이면 족하다. 하물며 우리 후세를 위한 제목을 기르는 일이야말로는 느티나무보다는 훨씬 귀하지 않겠는가?

그만큼 교육에는 많은 시간 투자가 필요하다는 얘기다. 교육이란 절대로 단 번에 일어날 수 없는 것도 아니요, 더구나 효과가 금방 나타나는 것도 아닌 것이다. 오늘 이루어진 교육이라는 인간 가꾸기의 효력은 적어도 20~30년이 걸려야 나타나기 시작하는 것이요, 그 파급 효과 또한 백년 후에 나타날지, 천년 후에 나타날지 미지수인 것이다.

그리고 지금 눈앞에 펼쳐져 있는 교육의 긍정적인 효과가 영원히 좋은 것도 아니요, 부정적인 효과가 영원히 나쁠 것도 없는 것이다. 이것은 내가 교육현장에서 몸소 체험하여 얻은 중대한 결론이다.

예를 들어 말썽만을 부리는 부정적인 학생이 사회에서 반드시 잘못되라는 법이 없고, 긍정적이고 착한 학생이 반드시 사회에서 잘된다는 보장도 없는 것이다.

오히려 학창시절에 말썽도 피워서 부모님과 선생님의 애간장을 한번쯤 태워 본 사람이 사회 적응하는 면과 대인관계에서 이해와 관용 그리고 포용력을 많이 함축하는 예를 체험한 바이다.

그런 의미에서 우리가 현재 수행하고 있는 교육현장을 바라보지 않을 수가 없다. 우리가 현재 처하고 있는 교육 체제나 국민들의 교육에 대한 관심은 단기적인 지식 교육에 너무나 치중하고 있는 듯한 느낌이 들 정도 단기적인 지식교육만 가지고는 올바른 심성을 기를 수도 없을 뿐만 아니라, 지식만 달달 외우는 학생만 양산했을 때, 미래 사회는 황폐화된 사회가 될 수도 있기 때문에 아주 위험한 일이 아닐 수 없다.

인간성 교육을 위해서는 감화 감동 교육이 절실히 필요한 것이다. 이 감화 감동교육은 인간의 됨됨이를 형성하고 자신의 진로를 스스로 개척할 수 있도록 하는 원동력을 제공할 수 있는 것이기 때문에 중요한 것이다.

우리 학생들은 지식교육을 위해서 초등학교에서부터 대학원까지 20여년을 학교에 다닌다. 그러나 실제로 자기 인생 진로를 결정하고 인간성을 형성하는 것은 교실에서 얻은 지식교육 이외에 잠재적 교육과정에서 결정되는 예가 허다하다. 이러한 사실은 성인들이라면 누구나 스스로 겪어서 알고 있으리라 믿는다.

예를 들자면, 중학시절에 어떤 음악선생님이 우연찮게 주신 격려 한 마디는 학생의 폐부까지 깊숙이 감동을 주어, 그 학생의 진로는 물론 전 인생을 결정짓는데 큰 변수가 될 수 있는 것이다.

반면에 열정적인 수학선생님이 지식교육을 위해 수학문제를 풀지 못하는 학생에게 심하게 모욕감을 주었다면, 그 모욕감은 그 학생이 자란 후에도 열등감이라는 한 맺힌 응어리가 되어 일생을 따라다니며 괴롭히는 좌절의 큰 돌멩이가 될 수 있는 것이다.

그렇다고 학교에서 지식교육은 멀리하고 감동교육만 시켜야 된다는 얘기는 결코 아니다. 다시 말해서 지식 교육과 더불어 학생의 심성을 개발 해주는 감호와 감동이 있는 인간교육을 병행해야 된다는 얘기다.

대부분 성공한 사람들의 예를 보면, 성공한 사람들이란 학창시절에 공부를 잘 한 사람도 아니요, 그렇다고 인기가 가장 좋았던 사람도 아니다. 그러나 한 가지 공통된 사실이 있다. 그것은 어떤 방면에서 성공을 했든지 성공한 사람이란 가슴을 넓게 키운 사람인 것이다.

즉, 가슴이 활짝 열려서 모든 것을 다 포용하는 사람인 것이다. 그런 사람은 고통과 괴로움, 외로움과 좌절, 인내와 노력도 모두 포용한 사람인 것이며, 주변에 있는 모든 사람을 한결같이 포용하고 이해하고 헌신하고 봉사해온 사람인 것이다.

이러한 심성의 형성은 학교 교과서에서 배우는 것도 아니요, 누가 일일이 지도해 주는 것도 아니다. 그렇다고 신문이나 잡지책에서 배우는 것은 더욱 아니다.

오로지 자신이 세상을 살아가면서 삶의 현장에서 스스로 터득하는 과정에서만 습득되는 것이다.

즉 삶을 살아가면서 어떤 조그마한 일에서 감화를 받고 어떤 하찮은 일에서 감동을 하고, 느끼고 생각하며 깊이 있게 행동을 하다보면 스스로 성숙하게 되고 자신만이 갖는 어떤 경지에 이르게 되는 것이다.

이러한 과정의 바탕은 바로 초등학교에서부터 중·고등학교 시절에 가장 절실히 이루어지는 것이다. 그것도 학생과 가장 가까운 친구나 선생님으로부터 전수되거나 영향을 받는 것이 보통이다.

그러므로 학창시절에 만나게 된 주변 사람은 매우 중요한 것이다. 청소년 시절에 누구를 만나느냐에 따라서 인생향로가 달라질 수 있으므로, 특히 친구와 선생님은 영향력이 매우 큰 중대한 사람들인 것이다.

학교에서 학생들이 생각하는 선생님이란 자신을 직접 가르치는 선생님만 선생님으로 생각하는 학생들이 대부분이다. 그래서 그런지 학생들은 학교장에게는 별로 관심을 두지 않는다. 어느 면에서는 자신들의 교육과는 아무런 관계가 없는 사람으로 생각하는 학생도 많은 것이다. 그러나 학교장이 품고 있는 교육의 본질 그대로 표현되어지는 도화지인 것이다.

그래서 나는 학교장으로서 학생들에게 심성교육을 담당해야 되겠다는 사명감을 더욱 절실히 느끼게 되었다.

그래서 학생들의 성장과정에 감화와 감동의 재료를 더해주기 위하여 명상의 시간을 운영하고 훈화 교육을 보다 감동적이고 조직적으로 실시하여 학생의 인간성 형성에 도움을 주려고 노력했던 것이다.

그리고 그것을 여기 한 권의 책에 담아 그 내용을 생생하게 수록하는 바이다. 이 시점에서 내가 바라는 바는 이 글을 읽는 사람은 우선 나와 함께 동감하기를 바라오며, 필자가 서술한 이 책의 내용에 더 좋은 사색의 씨앗을 곁들여서 학생들에게 뿌린다면 더욱 값진 것이 되리라 믿는다.

아무튼 이 훈화와 명상의 내용이 읽는 사람들 모두에게 유익한 점이 많기를 간절히 바라는 마음이다.

2011년 겨울에

박 춘 길

목차 CONTENTS

[교육칼럼]

가슴을 넓혀주는 감동 교육

훈 화 집

세상의 모든 병은 사람이 방에 앉아서
사색할 시간이 없다는데서 생긴다.
-파스칼-

과거를 살펴 미래에 살자

학생 여러분! 우리는 참 좋은 세상에 살고 있습니다. 아니 좋은 세상이라기보다는 세상이 너무도 편하게 감싸주고 있다는 표현이 좋을 것 같습니다.

풍부한 먹거리와 편리한 생활용품, 다양한 옷가지 등, 정말 풍요로운 물질문명 속에 부러움 없이 살아갈 만큼 우리들의 삶의 질은 언제부터인가 이렇게 높은 수준까지 올라와 있습니다.

그러나 다른 한편으로는 우리 주변에서 떠나버린 것이 너무도 많습니다. 줄지어 다니는 자동차와 공장

매연은 우리의 싱싱한 공기를 앗아갔고, 고급문화 생활에서 쏟아져 나오는 생활 폐수는 우리의 맑은 물을 앗아갔습니다. 또한 논두렁에서 뽀글거리던 우렁이가 떠났고, 봄 동산에 종달새가 사라졌으며, 뜸북뜸북 뜸부기가 자취를 감췄습니다. 철새는 더 이상 찾아오지 않고, 들새는 멀리 달아났습니다.

그런데, 그중에 가장 가슴 아프게 사라지고 있는 것이 하나 있습니다. 그것은 바로 수 천년 동안 우리 민족의 가슴에 살아 왔던 정(情)이라고 하는 것이 사라져버린 것입니다. 정(情)다운 마음이 떠난 우리들은 단지 생활 속에 하나의 물체가 되어 살아가고 있는 듯한 느낌이 듭니다.

학생 여러분! 우리 민족은 정이 많기로 전통이 난 민족입니다.

텔레비전이 없었어도 저녁이 되면 가족들이 모여 앉아 오손 도손 정다운 이야기꽃을 피웠고, 굶주리고 땔나무가 없었어도 남의 물질을 탐내지 않았습니다. 볏섬을 거리에 놓고 가마니를 덮어놓아도 도둑이 들지 않았고, 백지 한 장으로 문을 발라 문단속을 하였습니다. 찢어진 고무신에 구멍 난 양말을 신고 누더기 책보에 책을 싸 가지고 학교에 갈지언정 동료나 하급생에게서 돈을 빼앗지도 않았습니다. 상급생은 산길 들길에 하급생을 데리고 다녔고, 하급생은 상급생을 친형처럼 정답게 따라 다녔습니다. 귀뚜라미 벗 삼아 늦은 밤까지 독서로 마음을 살찌웠고, 설날이면 동네 어른들은 빠짐없이 찾아 세배를 올렸으며, 잘못했을 땐 동네 어른들한테도 부모님처럼 야단을 맞았습니다.

결국 우리 선배들은 배가 고픈데서 참을성을 배웠고, 추위에 떨면서 용기를 배웠으며, 어른들께 혼이 나면서 존경심을 가슴에 품었습니다. 그리고 부모님의 걱정 속에서 효심을 마음에 새겼고, 들새 따라 자연의 순수한 품성을 본받았으며, 종달새 둥지의 오붓한 새끼들 속에서 공생의 진리를 배웠습니다.

그런데 이 어찌된 일입니까? 이 풍요로운 삶 속에서도 그늘진 곳만 찾는 사람이 있는가 하면, 본드나 부탄가스 등 독소(毒素)만을 찾는 사람이 있고, 자신의 욕심을 위해서라면 친구나 후배도 일시에 배신해 버리는 사람이 있습니다.

어른들은 거추장스런 걸림돌이요, 부모는 자신들의 희생물이고, 사회는 제멋대로 행동하는 활동 무대로만 생각하는 사람도 있습니다.

학생 여러분! 선배들은 여러분들보다 좋지 않은 환경 속에 살면서도 마음이 풍부하고, 정이 깊었으며 무슨 일이든 사려 깊게 생각하고, 인륜과 도덕을 중히 여겼으며, 자연과 이웃을 사랑하는 아름다운 마음을 귀히 여겼습니다. 그런데 여러분은 이렇게 윤택한 삶 속에서 살면서도 왜 그다지도 각박한 마음을 가져야 하는지를 깊게 생각해 보아야 하겠습니다.

학생 여러분! 우리는 과거 선배들의 아름다운 마음을 우리의 마음속에 곱게 심어나가면서 편리한 생활들을 접목해 가는 삶이 계속된다면 미래에는 얼마나 살기 좋은 세상이 될 것인가에 대해서도 생각해봐야 하겠습니다. 이제 우리는 주변 환경이 이끄는 대로 그냥 따라 가는 생활이 아니라, 나의 장래와 가족, 나의 생활에 대한 명확한 좌표를 잡아 진정 나 자신의 생활이 될 수 있도록 분명하게 살아가야 될 때라고 생각합니다.

'물풀은 저 밑에 있는 바닥에 뿌리를 깊이 박고 있기 때문에 떠내려가지 않는다'는 교훈을 바탕으로 살아간다면 결코 실패 없는 삶이 되리라 믿습니다.

성실만이 성공의 열쇠다

학생 여러분! 드디어 새 학년도의 신학기를 맞이하였습니다. 여러분들은 이미 나름대로 계획을 세워 짜임새 있는 생활에 임하고 있으리라 믿습니다.

그런 여러분들에게 이 시기에 대한 중대성을 일깨워줌이 필요하다고 보겠습니다. 그것은 지금 여러분들이 맞이하고 있는 이 중·고등학교 6개 학년의 과정은 여러분의 전 인생 중에서 가장 아름다운 시절이라는 것은 먼저 지적하고 싶습니다.

아름다운 시절이란 느낌이 가장 크다는 것을 의미

하는 것이며, 느낌이 크다는 것은 그 만큼 모든 생활에 큰 변화를 줄 수 있다는 뜻입니다. 그러므로 이 시절은 모든 것이 아름답게 보이며, 하는 일들은 모두 즐거울 것이고, 먹고 싶은 것도 많고, 보고 싶은 것도 많으며, 신체적으로도 나날이 다르게 변화되어 가는 것입니다. 그러나 이 시절은 꼭 여러분에게 즐거움만을 선사하는 시절만은 아닙니다.

이 시절은 고통의 시절로서, 각자 자신이 어떻게 보내느냐에 따라서 인생행로가 달라질 만큼 중요한 변화를 가져올 수 있는 시절인 것입니다.

우선 이 시절은 감수성이 가장 예민한 시절로써 이 때에 경험했던 모든 것들은 가장 강력한 인상이 되어 일생을 좌우할 수 있도록 오래 남아 있는 것입니다. 그래서 감명 깊은 책도 많이 읽어야 하고, 좋은 습관 형성에도 신경을 써야 하겠습니다.

무엇보다도 중요한 것은 어떤 일이든지 일단 부딪히게 되면 몸과 마음을 다하여 성실하게 수행하는 것이 가장 중요한 일이 되겠습니다. 세상을 살아가는데 있어 성실이란 모든 성공의 열쇠로서, 어떤 일이든 성실로써 풀리지 않는 것이 없습니다.

머리가 좋은 사람이 반드시 성공하라는 예는 없지

만, 성실한 사람은 반드시 그 방면에서 성공하는 것입니다.

요즈음은 시시각각 세상이 변하다 보니 직업도 어떤 직업이 좋은지 예측할 수가 없습니다.

어제까지 잘 나가던 직업도 오늘 사양 직업이 될 수가 있고, 오늘까지 인기가 없었던 직업이 내일에는 최고로 각광을 받을 수도 있습니다. 이처럼 현대 사회는 그야말로 예측불허의 사회인 것입니다.

그러한 변화의 소용돌이 속에서 사는 여러분들은 어느 한 분야에만 소질을 개발해야 하는 것이 아니라, 모든 분야를 모두 개발해야 사회의 변화 속에 적응할 수 있겠습니다.그러나 일단 소질을 개발한 다음에도 성실치 못하면 도태되고 마는 것이 현실입니다. 그래서 성실이라는 말을 가리켜 '사회를 살아가는 보약'이라고까지 말하는 사람도 있습니다.

즉 성실하기만 하면 안 되는 일도 될 수가 있고, 성실치 않으면 될 일도 안 된다는 이야기입니다. 그러니 성실이란 것은 돈 한 푼 드리지 않고 얻을 수 있는 최상의 무기임에 틀림없습니다.

학생 여러분, 여러분은 이 3월의 오싹한 봄바람 속에서도 여러분들의 진로 개척을 위해 또한 학급의 단

합된 모습을 보여주기 위해 환경정리 또는 구석구석 청결 활동 등 학교 가꾸기에 힘쓰는 모습을 보니 장하다고 아니할 수 없습니다.

지금의 이 경험을 바탕으로 일생을 살아간다면 모든 학생이 각 방면에서 꼭 성공을 거둘 수 있으리라 봅니다.

학생여러분 그러면 이 새로운 학년도가 여러분의 인생을 빛내주는데 도움이 될 수 있는 최고의 해가 되기를 바랍니다.

내 인생은 내가 창조

'나'라고 하는 한 사람의 존재는 참으로 귀중합니다.

이 지구 상에 60억 인구가 있지만 그 사람들 중에 나와 똑 같은 사람은 하나도 없습니다. 경우에 따라 같은 이름을 가졌더라도 얼굴 생김새와 성격이 다르고, 부모 형제 가정환경이 다르며, 재주와 취미가 다릅니다. 그리고 다른 사람이 '나'를 대신하여 죽어줄 수도 없습니다.

결국 나는 이 세상의 전부요, 광활한 우주 속에 들어 있는 소우주인 것이며, 이 세상에서 나 자신보다 더 값지고 귀중한 존재는 아무 것도 없는 것입니다.

그러므로 이 세상천지를 다 준다 해도 나와는 바꿀 수 없는 것이고, 세상의 모든 것은 내가 있으므로 존재하는 것입니다.

따라서 나 자신의 삶, 나 자신의 인생은 나 자신의 판단과 책임 하에 창조되어야 하는 것입니다. 뻐꾸기가 뻐꾸기답게 노래할 때 보람 있는 행복이 따르는 것이고, 참새가 참새답게 지저귈 때 참새의 독창적인 모습이 돋보이는 것입니다.

마찬가지로 나도 내 나름대로 창조적으로 살아갈 때 나의 진정한 모습이 나타나는 것입니다. 글을 쓰다가 잘못 쓰면 지워서 다시 쓸 수 있습니다. 물건도 잘못 만들었을 땐 고쳐서 다시 만들 수 있습니다. 그러나 인생은 결코 다시 쓸 수도, 다시 만들 수 도 없습니다. 한 번 잘못 썼거나 잘못 만들었다면 그대로 남는 도리 밖에는 다른 도리가 없습니다.

다시 말해서 지우고 다시 쓸 수도, 고쳐서 다시 만들 수도 없는 것이 인생입니다. 그러므로 우리 모두는 결국 자신을 위한 인생의 창조자로서 한 순간 한 순간의 생활을 소중하게 여겨야 합니다. 그리고 다시 올 수 없는 날들을 위해, 땀을 흠뻑 흘리며 최선을 다하면서 나답게 살아가야 하는 것입니다. 그래야 우리 자신의 삶에서 의미를 찾을 수 있는 것이고, 우리들의 후배나 자손들에게 떳떳한 삶을 교훈으로 넘겨줄 수 있는 것입니다.

산이나 들에서 살고 있는 모든 동식물들을 보십시오. 그들은 누가 보살펴주지도 않고 어떻게 살도록 알려주지도 않은 채, 본능대로 거친 세상에 내던져 있습니다. 그러나 그들은 그들 나름대로 환경에 적응하면서 훌륭히 살아가고 있습니다. 아름다운 꽃도 피우고, 열매도 맺으며, 독특한 향기도 풍깁니다. 이런 점에서는 동물들도 마찬가지입니다. 아름다운 옷으로 갈아입는가 하면 주위 환경에 따라 보호색을 띠기도 합니다.

다시 말해서 낳자마자 자신의 생명을 스스로 유지하기 위하여, 또는 적으로부터 생명을 보호하기 위하여 온갖 고초를 겪으면서 자신들이 해야 할 일들을 홀로 완벽하게 창조하여 나갑니다. 우리 사람처럼 부모형제 또는 선생님이 정성을 들여 도와준다는 것은 상상도 못할 일입니다. 오늘의 사회는 다원화 사회입니다. 각 계층에서 다양한 사람들이 서로 어울려 살아가는 사회입니다. 때문에 건축물과 의복도 가지가지이고 생활과 취미도 갖가지이며 먹는 음식도 다양

합니다. 그리고 앉아서 온 세상을 훤히 내다보기도 하고, 지구의 밖을 향하여 무한대로 펼쳐나가기도 합니다. 때문에 어제까지 없던 직업이 새로 생기는가 하면, 이제까지 잘 나가던 직업이 형편없이 추락하기도 합니다.

지금까지는 부동산이나 제품과 같은 유형 물질이 富를 상징할 수 있었으나, 이젠 컴퓨터 속의 가상 세계에 실체도 없는 곳에 부가 쌓여갈 수 있습니다. 그것은 실존 세계보다 더 확실하게 존재하고 있으며, 그 속에서 우리들의 현실을 실감할 수 있는 것입니다.

학생 여러분, 여러분들은 이러한 예측불허의 가공할만한 사회에서 살고 있는 것입니다. 그래서 여러분들은 참으로 행복한 것입니다. 그러나 한편으로 여러분들은 두려움을 가져야 합니다. 왜냐하면 여러분이 이러한 사회에서 삶다운 삶을 살아가기 위해서는 그만큼 적응력도 강해야 되고, 또한 여러분들의 생활을 새롭게 개척해나가야 되기 때문입니다. 사회가 이렇게 변화하고 있는데도, 여러분들은 하루하루를 편안하고 평범하게만 살아간다면 여러분들은 결국 이 사회에서 낙오되고 비참한 장래를 맞이할 수도 있는 것입니다.

그러므로 여러분들의 적성과 취미, 특기에 따라 여러분들의 인생을 지금부터 창조해야할 의무가 바로 여러분 자신들에게 있다는 사실을 명심해야 할 것입니다. 그 것이 바로 여러분의 앞길을 살아가는데 필요한 생활 무기인 것입니다.

장애의 극복

학생 여러분, 안녕하십니까? 특히 신입생 여러분 안녕하십니까? 우리 학교에 오신 것을 진심으로 다시 한 번 환영합니다. 오늘은 장애의 극복이라는 제목으로 명상의 시간을 갖고자 합니다.

'걸림돌을 디딤돌로 이용하라'라는 속담이 있습니다. 이것은 장애물을 디딤돌로 삼아 자신을 극복하라는 애기입니다. 이 세상에 성공한 사람들 중에는 많은 어려움에도 불구하고 성공의 타이틀을 따낸 사람들이 많습니다.

악성 베토벤은 13세에 부모를 잃고, 17세에 집안의 가장이 됐으며, 귀머거리에 늑막염으로 고통을 받으며 네 차례의 대수술을 받았습니다. 견딜 수 없는 고통이 계속해서 그에게 닥쳐왔지만 베토벤은 굴하지 않고 음악을 작곡함으로써, 마침내 음악계의 거성으로 영원히 우리의 가슴에 남게 되었습니다.

발명왕 에디슨 역시 귀머거리였습니다. 그러나 오히려 그는 귀머거리가 된 것을 다행으로 여겼습니다. 시끄러운 잡음을 듣지 못하고 오직 연구에만 몰두할 수 있었기 때문입니다.

그런가 하면 워터게이트 사건이라는 스캔들로 전 미국을 떠들썩하게 만들었던 닉슨 미국 대통령은 형편없이 몰락한 정치가로서 제기 불능이었습니다. 그러나 지금은 TV의 유명한 출연자 중의 한 사람이 되어 엄청난 돈을 벌고 있습니다.

러시아의 천재 작곡가 차이코프스키는 어떠했습니까? 그는 불행한 가정생활 끝에 부인과 이별을 했습니다. 그리고는 그 비통한 심정을 음악에 담았습니다. 그런데, 그것이 그 유명한 <비창>이라는 음악으로 탄생되었고, 불후의 작품이 되었으며, 세계적으로 유명한 음악가가 되었습니다.

우리 주변에서도 성공한 사람들을 일일이 살펴보십시오. 그들 중 대부분은 배불리 먹고 편한 사람들보다는, 가난과 슬픔 그리고 병마와 싸우며, 의지로 이겨낸 사람들이 많습니다.

미국의 실미학자 윌리엄 제임스는 말합니다. "약점은 오히려 우리를 돕는 친구와 같다"라고.

학생여러분, 여러분은 지금 어떻게 생활하고 있습니까? 아침 잠자리에서 일어날 때 겨우 몸만 일어나고 이불은 어머니가 개어주고 있지 않습니까. 그리고 겨우 세수를 하고 교복을 입고 책가방을 챙기는 것만도 여러분은 큰일을 하고 있다고 자부하고 있습니다. 그리고 냉장고에서 우유만이라도 먹어달라고 애걸복걸하는 엄마를 뒤로 하거, 근심걱정 없는 편안한 학생이 되어 지금 학교에 와 있습니다.

학생 여러분, 여러분은 참으로 행복하다고 생각지 않습니까?

그 뿐만 아니라 여러분은 아무런 노력 없이도 따뜻한 옷에, 맛있는 음식에, 각종 편의 시설과 오락시설 등 참으로 부러울 것 없이 살아가고 있습니다. 그러나 언제까지나 부모님 밑에서 이렇게 재롱만 떨면서 살아갈 수는 없는 것입니다.

여러분은 언제부터인가는 부모님 곁을 떠나 홀로 서기를 해야 합니다. 여러분의 생활을 위해 직업을 가져야 되고, 직장에서 동료들과 경쟁을 하며 하루해를 보내야 합니다. 그리고 여러분은 여러분에게 딸린 식구들을 거느려야 합니다.

이런 일은 사람이면 누구나 해야 할 당연한 일이고 의무인 것입니다. 그리고 이런 일은 그렇게 쉽게 되는 일이 아니라, 상당한 워밍업이 필요한 것입니다.

밤을 꼬박 새우며 책과 씨름도 해봐야 하고, 구슬땀을 주룩주룩 흘려가며 힘에 겨운 일도 해보아야 합니다. 그리고 어려운 문제를 끝까지 풀어 보려고 오금이 저리도록 앉아서 인내심도 길러야 합니다.

그것이 바로 여러분 자신이 바림직한 성인이 되기 위해 필요한 성인 수업이 되는 것입니다.

신체적으로 아직 성숙되지도 못했는데, 담배를 피우는 것이 성인 수업이 아닌 것이며, 머리만 길게 늘어뜨렸다고 숙녀가 된 것은 더더욱 아닙니다. 결국 우리는 내면적으로 성숙되어야 하는 것입니다. 겉모습만 성인 흉내 내는 것은 사지가 멀쩡한 장애자 일 뿐입니다.

이러한 것을 가리켜 '사고의 빈곤', '생각의 빈곤'이라고 하는 것이며, 우리는 바로 이러한 생각의 장애를 극복해야 하는 것입니다.

학생 여러분, 오늘 하루도 여러분 스스로에게 알맞은 보람을 찾으시기 바랍니다.

지혜있는 사람이 되자

사람이 살아간다는 것은 무엇인가를 하고 있기 때문에 그 의미가 있는 것이며, 거기에서 자신의 존재가치도 찾을 수 있는 것입니다. 그런 의미로 견주어 볼 때, 우리는 생활하는 사회인으로서 무엇인가를 이룩하려고 노력을 한다는 것은 당연한 일인 것입니다.

그런데 사람들은 일상생활 속에서 어떤 일을 하기도 전에 겁부터 먹고 실행도 하지 않는 예가 많습니다. 어떤 일이거나 일이란 것은 누군가 행할 수 있는 것이고, 마음먹기에 따라서 그 일을 잘 할 수도 있는 것입니다. 그런데 해보지도 않고 못한다는 결론을 먼저 내리는 것은, 크나큰 인생의 실수라고 볼 수 있는 것입니다.

예를 든다면, 험난하기로 유명한 산일지라도 일단 등산하기로 마음먹었으면, 온갖 수단 방법을 다 동원하여 오르기 위해 노력해야 할 것입니다. 그런 다음, 산이 너무 험악하여 도저히 오를 수 없다면, 그 때야 비로소 '오르지 못 하겠다'는 말을 해야 할 것입니다.

그런데, 그 산을 오르기 위하여 한 번 시도조차 해보지도 않고 '오르지 못 한다'고 포기 선언부터 한다면, 이것은 세상을 너무나 자신 없이 살아가고 있는 것과도 같겠습니다.

그래서 청소년 시절에는 무척 어려운 일들도 끝까지 해결하려고 열심히 노력해보는 경험이 필요한 것입니다. 그렇게 함으로써, 자신에게 필요한 인내정신과 투지력을 기를 수 있고, 불굴의 용기도 형성시킬 수 있게 되는 것입니다. 결국 우리는 이 과정에서 사물에 대한 지혜를 싹트게 할 수 있는 중대한 시점에 설 수 있는 것입니다.

결국 우리는 이 과정에서 사물에 대한 지혜를 싹트게 할 수 있는 중대한 시점에 설 수 있는 것입니다.

인생에서 성공한 사람들은 지식을 많이 쌓은 사람

들이 아니고, 지혜를 많이 터득한 사람들입니다. 잔꾀가 많은 사람이 아니라, 풍부한 마음을 함축한 사람들입니다. 지식을 가지고 있으면서 지혜롭게 활용치 못한다면 자신이나 다른 사람들의 생활을 더욱 어렵고 힘들게 하겠지만, 지식을 지혜롭게 활용한다면 모든 사람들에게 유익하고, 편안하며, 희망을 주고, 생활에 대한 활력소를 제공할 수 있는 것입니다.

지혜라는 것은 지식을 쌓는다고 해서 함께 쌓아지는 것은 절대로 아닙니다. 지혜는 지식과는 별개로 형성되는 것으로써, 특별한 지식이나 공부를 하지 않아도 쌓을 수 있는 것입니다.

즉 지혜는 우리 일상생활과 관련하여 사물을 곰곰이 파고들어가는 풍부한 마음속에서만 생성될 수 있는 것입니다. 그러므로 깊이 생각지 않고 빈약한 마음으로는 지혜를 쌓을 수 없는 것입니다.

학생 여러분, 나는 이런 의미에서 여러분들에게 풍부한 마음을 가진 지혜로운 사람이 되기를 원합니다. 그리하여 이 사회에 없어서는 안 될 꼭 필요한 사람, 그리고 이 사회를 밝게 이끌어갈 사람이 되기를 진심으로 바랍니다.

그러기 위해서는 언제 어디서나 여러분들의 마음속

에 큰 그릇을 형성할 수 있는 습관을 길러야 하겠습니다. 친구들과 하찮은 일을 가지고 다툰다거나, 부모님께 조금만 잘 해드리면 되는데도 불구하고 짜증을 부려서 부모님 마음을 상하게 한다거나, 또는 나 혼자 편리하다고 질서나 규칙을 멋대로 무시하는 마음으로서는 큰 그릇을 형성시킬 수가 없는 것입니다.

선생님이나 부모님께는 항상 공경하는 마음을 갖고, 친구나 하급생에겐 항상 내가 도와주는 입장에 서며, 누가 보든지 안보든지 지켜야 할 것은 스스로 지켜나가고, 어떤 일을 하고자 할 때는 최선을 다하는 가운데 지혜가 생기고 마음이 커지는 것입니다.

학창시절의 시간 운영을 뜻있게 하는 것도 장래의 지혜를 키우는데 매우 도움이 되는 것입니다. 자기의 적성을 찾아 능력을 키우기 위해 땀을 마음껏 흘려보는 것도 학창시절에 할 일이요, 책읽기에 몰두하여 온 밤을 꼬박 새우는 것도 젊음에 더해주는 고귀한 약이 되는 것입니다. 학급의 단합된 힘을 펼치기 위해 목이 터져라 외쳐보기도 하고, 온 힘과 정성을 다해보는 것도 학창시절에 해볼 수 있는 가장 멋진 일이라 하겠습니다.

덧붙여 하고 싶은 말은 지금 학급에 함께 앉아 있는

친구들이야말로 일생을 함께 헤쳐 나갈 동반자로서 아주 귀중한 사람들입니다. 그런 귀중한 사람들에게 장점을 얘기해주고 용기를 북돋워주는 것은 참으로 중요한 일입니다. 그런데 하물며 그들의 단점이나 결점만을 들추어내고 놀려댐으로써, 그 친구들로 하여금 인생을 자포자기하도록 만든다면, 여러분들은 스스로 인생의 동반자를 한 사람씩 잃어가고 있는 것입니다.

더구나 여러분들과 같은 또래사회에서 요즈음 흔히 말하는 '왕따'를 한 사람이라도 만들고 있다면 이것은 살인과 같은 큰 죄를 저지르는 것과 같다는 사실을 알아야 하겠습니다.

그래서 이 모든 것을 잘 알아서 처신하는 것이 바로 지혜로운 사람들이 하는 일인 것이며, 그 사람들만이 인생에서 성공을 거둘 수 있는 것이고, 더욱 밝은 사회를 만드는데 공헌 할 수 있는 것입니다. 그리고 국가를 위해서도 맡은 바 책임을 다하고 있는 것입니다.

자립을 위한 의지를 키우자

학생 여러분, 여러분이 오늘에 이르기까지 얼마나 많은 사람들의 도움을 받아 왔는지 생각해보셨는지요?

물론 부모님이나 선생님 그리고 친구와 선배는 말할 것도 없고 도움을 받은 사람은 헤아릴 수 없이 많으리라 믿습니다. 그러나 여러분들이 어느 정도 자라게 되면 여러분들은 이들을 떠나 혼자서 모든 역할을 해 나가야 되는 것입니다. 이것은 마치 어린아이가 처음 걸음마를 배울 때에는 부모의 손길이 필요하나 어느 정도 시간이 지나면 스스로 걸을 수 있는 것과 같은 것입니다. 청소년기의 여러분은 마땅히 이렇게 도움을 받고 자라야 할 때입니다.

그러나 바로 이 때가 스스로 자립의 의지를 키울 수 있는 가장 중요한 시기도 되는 것입니다. 만약에 이 시기에 그 의미를 키우지 못한 사람은 온실 속의 화분처럼 연약한 존재가 되기 때문입니다. 온실 속에서 길이 든 화초는 온실을 떠나서는 살기가 어렵습니다. 밖에 나가 사나운 비바람을 만나면 그대로 꺾이고 마는 것입니다.

요즘은 물질문명이 극도로 발달되어 많은 사람들은 편한 것만을 추구하고 스스로의 의지를 키우며 살기보다 남들이 하는 대로 또는 남이 가는 대로 휩싸여 살아가는 경향이 많습니다. 그렇기 때문에 이런 시기에 사는 여러분들은 더욱 나약한 사람이 되기가 쉽습니다.

여러분들은 나무에 비유한다면 싱싱하고 파랗게 싹터 오르는 오뉴월의 나무와도 같은 청소년들입니다. 그런데 피어보지도 못하고 그냥 낙엽 지고 시들어버린다면 되겠습니까? 매일 새롭고 더욱 더 싱그러운 자립의 의지를 가꾸어 나가야 하는 것입니다. 그러기 위해서는 여러분들이 생활해가면서 만날 수 있는 크고 작은 문제를 자신의 의지와 힘으로 해결해 나가는 습성을 길러야 되는 것입니다.

모든 일은 다 이렇게 작은 일에서부터 시작해야 되기 때문입니다. 예를 들자면 잠자리에서 일어나 이부자리를 갠다거나, 아침에 학교 갈 시간에 맞추어 스스로 일어나 준비물을 챙기는 일과 같은 것입니다. 그리고 친구와의 약속을 지키기 위해 자기의 온힘을 기울인다거나, 자기의 학습목표를 세워 놓고 그 성과를 위해 최선을 다한다는 것은 참으로 바람직한 일로써 여러분들이 필히 행해야 하는 일이 되겠습니다.

어떤 면에서 우리는 동물들에게서 많은 교훈을 얻을 수가 있습니다. 동물들은 어느 시기까지는 어미가 모든 희생을 감수하면서 새끼를 돌봐주지만, 일정한 크기로 자란 다음엔 야속할 만큼 잔인한 방법으로 새끼를 밀어내는 모습을 볼 수가 있습니다. 동물들은 이 시기부터 저 홀로 살아가지 않으면 안 되는 것입니다. 요즘은 부모님들이 대학 입학식에도 자녀를 데리고 가는 경향이 있습니다. 더한 것은 자녀들이 직장에 입사를 할 때에도 부모에게 의존하는 것입니다. 이렇다면 언제 자립하여 자신의 인생을 살아 갈 수가 있겠습니까? 만약 삶을 다른 사람에게 의존해서 살아간다면, 자기 인생을 살아가는 것이 아니라 다른 사람을 위해서 살아주는 것이라 볼 수 있습니다.

그래서 그런지 요즘 젊은이들의 삶에 대한 풍조는 자신이 살아가고 있다는 자체가 부모나 형제를 위해 살아주는 것처럼 비추기 일쑤입니다. 그리고 그렇게 살아주는 것이 부모님을 위해 큰 봉사라도 하는 양으로 행동하는 것입니다. 어떤 때는 당치도 않은 비싼 물건을 사달라고, 턱없이 많은 용돈을 달라고, 또는 어떤 터무니없는 일을 하겠다고 으름장을 놓을 때도 있습니다. 그러면서 만약 그것이 이루어지지 않으면 집을 나가겠다는 둥, 식사를 하지 않겠다는 둥, 심지어는 자신의 몸을 아무렇게나 굴리겠다는 둥의 협박 같은 언사를 쓰는 일도 있습니다.

자신의 삶은 전적으로 타인의 것이 아니고 자신의 몫입니다. 어떤 일이든지 냉철한 사고와 판단으로 자신의 일은 스스로 해결해감으로써 일에 대한 경험도 생기는 것이고 많은 시행착오가 형성되어 보다 발전적인 목표에 이를 수가 있겠습니다. 그러한 과정에서 부모님이나 성생님, 친지, 친구들에게서 좋은 의견을 수렴하고 또한 부족한 면에 대해서는 협조를 받는다면 보람찬 자신의 생을 살아가는데 부족함이 없으리라 봅니다. 이런 과정에서 자신의 자립정신과 생에 집착하는 의지력이 함께 키워지는 것이므로 그런 자세로 살아가시기 바랍니다.

삶에 자취를 남깁시다

그 자취가 여기 있습니다.

봄이 지나간 자리에는 꽃이 남고, 가을이 지나간 자리에는 열매가 남습니다.

역사가 지나간 자리에는 영원히 가슴속에 묻혀있을 인물과 유적이 남습니다. 강한 자는 위인으로 남고, 악한 자는 악명으로 남습니다.

베토벤은 우리 마음을 온통 사로잡는 교향곡의 아름다운 선율을 남겼고, 밀레는 마음의 옷깃을 여미게 하는 경건한 아름다움을 남겼습니다. 플라톤은 불멸의 철학을 남겼고, 예수는 오묘한 사랑을 남겼습니다.

그러므로 그들은 결코 죽지 않고 영원히 살아 있는 것입니다.

그런가 하면 눈에 보이지 않는 바람도 자취를 남깁니다. 봄에 부는 실바람은 가지의 눈을 틔게 하고, 가을철에 부는 북서풍은 으스스한 한기를 남깁니다.

이 자취보다 더 정직한 것이 어디 있겠습니까?

꽃가게에 잠시만 들려 나와도 꽃향기가 옷에 배어 있고, 새가 날아간 나뭇가지는 흔들리는 아쉬운 몸짓으로 날아간 새를 한 동안 기억한답니다. 하물며, 여러분이 3년 동안 몸 담아온 모교의 뒤안길에는 여러분의 자취가 어떻게 남아있고, 여러분의 몸에선 어떠한 향기가 풍기겠습니까?

좋은 전통은 더욱 가꾸고 개선해야할 전통은 과감히 개선하여, 3년 동안 몸담아 있는 이 교정에 여러분의 자취를 초롱초롱하게 남겨야 하겠습니다. 이 학교, 그리고 정든 교실도 여러분의 거룩한 자취를 기리도록 박동하는 숨결을 이어놓아야 하겠습니다.

이 숨결은 영광스런 나의 독특한 숨결이어야 하며, 창공 속의 맑은 울림처럼 고귀해야 하고, 깊은 번뇌와 깨달음에서 오는 고운 숨결이어야 합니다. 그리고 그 숨결은 나를 둘러싸고 있는 모든 사람을 위해 편안한 것이어야 하며, 내 주변 사람들의 끈끈한 정이 담겨 있어야 합니다. 그래서 기쁜 일엔 함께 젖어 기뻐하고, 슬픔과 번뇌 속엔 깊은 위안과 격려가 스며져 있어야 합니다. 그렇게 함으로써 더욱더 어려워지는 세상을 보다 현명하게 헤쳐갈 수 있고, 보다 더 값진 생활의 철학을 창조하며 이상과 행복을 추구하는 삶을 영위할 수 있습니다.

꽃잎은 스스로 벌어집니다. 그러나 그 보다 앞선 자취 속에서 스스로 싹을 키워 움직인 보람이 없고선 불가능한 일입니다. 따라서 가장 아름다운 것은 이미 남겨진 충실한 자취 속에서 자신의 의지를 딛고 일어서는 것입니다. 그것이 바로 우리들의 자취요, 자각의 자세가 되겠습니다.

끊임없이 계속되는 삶의 자취 속에서 우리는 과거를 딛고 현실을 찾으며, 미래 세우길 반복합니다. 그 쌓여진 자취와 자각은 우리 자신을 다시 찾아주고, 그럴 때에 우리는 더욱 아름다워지는 것이고, 그 자취 또한 아름답습니다.

지금 이 시간, 말없이 흘러가는 이 시간에도, 우리들의 자취는 우리들의 체취와 더불어 우리 주변의 이곳 저곳에 촉촉이 스며들고 있습니다.

때로는 우리 주변의 풀 한포기에 맺혀 있을 자취, 때로는 큰 함성의 메아리에 묻혀버릴 자취, 그 자취가 승화되어 여기 모교의 교정에 덩그런 횃불이 되도록 합시다.

여러분의 불타는 정신이, 여러분의 줄기찬 성실이, 여러분의 넘치는 창의의 힘이 하나 되어 굳게 뭉치도록 합시다. 그리고 훨훨 타오르도록 합시다. 이 횃불을 밝힌 이상, 여러분의 마음도 새로운 천지를 향해 훨훨 타야 합니다. 또한 이 횃불이 살아있는 한, 우리는 스러지지 않습니다. 스러지지 않는 한 무궁토록 살아 있을 삶에 자취를 잉태해야 합니다. 그 삶의 자취는 베토벤의 선율처럼 끊길 듯 이어지는 불멸의 곡선이 아닐지라도, 밀레의 화폭에 담겨있는 경이롭고 순박한 파노라마가 아닐지라도, 그 존재 속에 의미는 분명히 살아 있습니다. 이것이 바로 우리에게 고동치는 생명이 있다는 증거요, 우리 자신이 창조하는 삶의 거룩한 그림자이기 때문입니다. 또한 우리의 후배들에게 우리의 삶이 '이렇노라'고 떳떳이 말할 수 있는 교훈을 주기 위해서도 그렇습니다.

내가 학교의 주인

학교의 주인은 누구입니까?

그 대답은 말할 것 없이 바로 학생 여러분들입니다. 학생이 있기에 건물과 시설이 필요하고, 선생님들도 계시는 것입니다. 그러니까 학교의 모든 물건들이 주인은 바로 여러 학생들인 것입니다. 주인이 한 사람이 아니라 여러 사람이기 때문에 그 이름 역시 공공물건 또는 공공시설이라고 합니다.

그렇다면, 여러 학생들은 학교에서 주인 의식을 가지고 주인답게 행동하고, 생활하고 있는지 생각해야 하겠습니다. 주인은 자기가 살고 있는 집이나 가재도구와 같은 물건들을 함부로 다루지 않습니다. 그리고 아껴서 씁니다. 따라서 우리 학교의 물건들은 주인이 많기 때문에 더욱 잘 간수되어야 합니다. 그런데 오히려 너무나 많은 주인 속에서 시달림을 당하고 있습니다.

우선 실내 생활에서 생각해 봅시다. 책걸상은 공부하는데 있어 없어서는 안 될 중요한 물건입니다. 그런데, 얼마 못 가서 파손되는 경우가 많습니다. 특히 청소 시간에 너무 거칠게 다룰 뿐 아니라, 책상 위에 낙서를 하거나, 칼로 흠집을 내기 때문입니다. 이 책걸상은 여러분만 사용하는 것이 아니라, 여러분들의 후배에게도 새 것 그대로 물려줘야 할 의무가 있는 것입니다. 또한 여러분들의 학급에 있는 주전자나 양동이, 청소 용구를 비롯하여, 분필이나 지우개 등, 사소한 물건들이 구겨지고 부러지고 찢겨진 채로 뒹굴고 있습니다. 더구나 담임선생님과 학급 대표들이 휴일 날에도 쉬지 않고 애서 가꿔만든 환경게시물이 처음 그대로 있지를 못하고 있습니다.

만들고 가꾸는 사람은 누구이고, 부수고 짓밟는 사람은 누구입니까? 참으로 안타까운 일입니다. 더구나 교정의 곳곳에는 과자봉지와 종이비행기가 흩어져

바람에 이리 저리 뒹굴고 있습니다. 과자를 먹는 여러분들의 마음속에 과자 맛처럼 달콤하고 새큼하며 산뜻한 마음이 조금치라도 작용하고 있었더라면 빈 봉지만큼은 휴지통에 버리는 아름다운 손길이 작용했을 것입니다. 그리고 어머니와 아버지께서 여러분과 가족들을 위해 오늘도 생활의 전선에서 수고하시고 있다는 사실을 조금이라도 생각했더라면, 그 비싼 노트를 쭉 찢어 종이비행기를 만들지는 않았을 것입니다.

학생 여러분, 우리는 오늘 이 교훈을 통하여 새롭게 명심해야 할 일이 많습니다. 학급이나 복도의 환경 게시물을 파손하거나 벽에 발자국을 남기는 일, 교실 문과 화장실의 문짝을 발로 차서 훼손하는 행위, 공부를 배우는 칠판을 못으로 긁는 행위, 심지어는 운동장 축구 골대의 그물을 타고 오르내려서 보기 좋던 그물을 망가뜨리는 행위 등, 수 없이 많은 것들이 여러분들의 냉대를 받고 있습니다. 그런데, 중요한 것은 이런 일들을 자행하는 학생들은 절대로 바람직한 성장을 하고 있다고 볼 수 없는 사실입니다.

'될 나무는 떡잎부터 알아본다'는 옛말이 있습니다. 학창시절에는 바르게 살고 올바른 것만 보며 살아도 성인이 되고 나면 어쩔 수 없이 생활에 오염되어 나도 모르게 혼탁해 지는 예가 종종 있습니다. 그런데 여러분들은 여러분 자신들의 생활을 개척하며 살아보기도 전에, 보는 이로 하여금 눈살을 찌푸리게 하는 행위를 저지르고 있다면, 과연 여러분들이 올바른 삶을 살고 있다고 보겠습니까? 공공시설이나 기물을 사용할 때는, 우리 뒤에 쓸 사람을 먼저 생각해야 합니다. 아무쪼록 깨끗하게 쓰고 우리의 후배들에게 물려주어야겠습니다.

옛날 조상들이 남긴 문화재들이 지금까지 온전하게 전해 오고 있는 까닭도 조상들이 그것을 귀하게 여기고, 우리들에게 전해주기 위하여 소중이 간직해 온 덕분이라는 사실을 마음 깊이 새겨 두어야 하겠습니다. 우리도 언젠가는 우리 후배들한테 조상이 되는 것입니다. 그러기에 더욱 각별한 마음을 가져야 하겠습니다. 우리 학교의 주인은 분명히 여러분들이란 것을 다시 한 번 생각하시기 바랍니다.

사물의 밝은 면을 보자

사람은 누구든지 행복한 삶을 원합니다. 행복한 시간을 갖고 싶어 하고, 행복한 일을 하고 싶어 합니다. 그러나 행복하기 위하여 기본적인 생각 자체를 바꾸는 데는 노력을 하지 않는 것 같습니다.

사람은 같은 경우라도 생각하기에 따라 행복할 수도 있고, 불행해질 수도 있는 것입니다.

옛날 어느 마을에 두 아들을 가진 어머니가 살고 있었습니다. 두 아들은 모두 신발 장수를 하고 있었는데, 큰아들은 날이 좋을 때 신는 짚신 장사를 하고 있었고, 작은 아들은 비가 올 때 신는 나막신 장사를 하고 있었습니다.

두 아들들은 나름대로 열심히 살려고 노력하고 있었으며, 어머니에 대해서도 지극히 효성을 다하고 있었으므로, 누가 보던지 그의 어미는 포근한 행복에 젖어 있는 듯 보였습니다.

그러나 그와는 반대로 어머니는 두 아들 생각에 한시도 마음 편할 날이 없었습니다. 날씨가 맑으면 둘째 아들의 나막신이 팔리지 않을 것을 생각하여 걱정하고 있었고, 비가 오면 큰아들의 짚신이 팔리지 않을 것을 걱정하고 있었기 때문이었습니다.

그러던 어느 날이었습니다. 한 젊은이가 부엌칼을 팔기 위해 이 집을 방문하였습니다. 어머니는 부엌칼을 한 개 샀습니다. 그리고 부엌칼 장수에게 말했습니다.

"부엌칼은 비가 오는 날이나, 날씨가 좋은 날이나 잘 팔리니 좋겠군요." 하고 부러워했습니다.

그리고는 아들들의 불행한 나날들에 대해 늘어놓았습니다. 이 말은 자세히 듣고 난 다음, 젊은이는 고민에 싸여 있는 어머니에게 다음과 같이 행복해지는데 필요한 '생각의 지혜'를 알려주었습니다.

"아주머니, 행복과 불행은 마음 갖기에 달려있습니다. 날씨가 맑으면 큰아들의 짚신이 잘 팔릴 것을 생각하시고, 비가 오면 둘째 아들의 나막신 장사가 잘 팔릴 것을 생각하십시오. 그러면 언제나 마음이 기쁘실 것입니다."

어머니는 그 젊은이가 간 다음, 이 말을 곰곰이 생각해 보았습니다. 매우 뜻 깊은 말이었습니다.

결국 어머니는 그 젊은이의 말대로 생각을 바꾸기로 마음먹었습니다. 그랬더니 정말 즐거운 나날들이 계속되었습니다.

비가 오면 작은아들의 나막신이 잘 팔릴 것을 생각하니 즐거웠고, 날이 개이면 큰아들 짚신이 잘 팔릴 것을 생각하니 즐거웠습니다. 그래서 어머니는 그 마을에서 제일 즐겁고 행복한 사람이 되었습니다.

학생 여러분, 이 세상에 모든 행복한 일과 불행한 일은 이렇게 생각하기에 달려 있습니다.

그리고 항상 긍정적인 생각을 하는 사람은 표정 자체도 밝고 명랑하지만, 부정적인 생각을 하는 사람은 표정이 어둡고 우울하게 보이는 것입니다.

이 세상의 모든 사물은 이렇게 양면성을 가지고 있습니다. 즉 어두운 면 뒤에는 반드시 밝은 면이 있는 것입니다. 먹구름은 땅 위에 비를 뿌리고 있지만 구름 위에는 찬란한 햇빛이 빛나고 있는 법입니다.

홍수가 나서 온통 물바다가 되었을 때도 메말라 가는 웅덩이의 물고기에게는 지상 천국을 만난 것입니다. 이 뿐만 아니라 재앙이 쓸고 지나간 자리에는 새 생명이 돋아나고, 갖은 고생을 하여 이뤄놓은 성공은 쉽사리 무너지지 않는 것입니다.

자신이 살고 있는 세상도 자기가 창조하며 살 수 있는 것입니다. 똑같은 세상 속에서 살면서 어두운 면만을 보는 사람은 어두운 세상에서 사는 것이고, 밝은 면만 보는 사람은 밝은 세상에서 사는 것입니다.

한 개인의 재능도 마찬가지입니다.

잘하는 면이 있는가 하면 잘못하는 면이 있는 것입니다. 그리고 어떤 사람이든지 다른 사람으로서는 도저히 따르지 못할 밝고 훌륭한 요소가 있는 것입니다. 그래서 우리는 대인관계에서도 이러한 밝은 면을 찾아 상대방을 존경하자는 것입니다.

가장 행복하게 사는 것은 이렇게 밝게 사는 것에서 찾을 수 있는 것이요, 바로 그것이 밝은 세상을 창조하는 길이기도 하는 것입니다.

옆에 앉아 있는 친구를 돌아보십시오. 그 친구에게는 어떤 좋은 점 즉 밝은 점이 있는지를 찾아보십시오. 그리고 활짝 웃어보십시오.

사랑합시다

사랑하는 학생 여러분, 우리 모두 서로를 사랑합시다. 사랑하는 것처럼 아름다운 것이 이 세상에 어디에 있겠습니까?

사랑이란 주는 입장과 받는 입장이 있지만 사랑을 하는 입장에서는 사랑할 수 있는 마음을 가지고 있다는 자체가 좋은 것이고, 사랑을 받는 입장에서는 사랑하는 사람이 있다는 것 자체가 좋은 것입니다. 사랑이란 사람으로 하여금 행복감을 누리게 해줄 수 있는 가장 값비싼 보물인 것이며, 인간의 감정 표현 중에서 가장 고귀한 도구입니다. 그래서 사랑을 주고받는 것은 풍요로움을 안겨주는 넉넉한 일인 것입니다. 이 세상에서 가장 큰 힘이 있다면 그 것은 바로 사랑의 힘이고, 현존하는 세상에서 가장 소중한 것이 있다면 그것도 역시 사랑인 것입니다. 그러므로 사랑이야말로 모든 사회를 평화롭게 만드는 가장 귀중한 묘약이 되는 것입니다.

그러나 이런 값진 사랑은 돈을 필요로 하는 것도 아니요, 또한 힘이 드는 것도 아니며, 더더구나 어려운 것도 아닌 것입니다. 누구나 가장 쉽게 할 수 있는 것이 바로 이 사랑이요, 아무리 낭비해도 무한정 솟아나는 것도 이 사랑인 것입니다.

사랑은 이 세상 어디에나 존재하는 것이며, 종족이나 언어, 피부색이나 어떻든 사람이라면 누구나 느낄 수 있는 가장 기본적인 감정인 것이며, 언어나 손짓 몸짓이 없어도 통할 수 있는 가장 단순한 인간관계의 수단인 것입니다. 또한 이 세상에서 가장 아름다운 詩의 구절도 사랑을 노래한 것이며, 가장 심금을 울릴 수 있는 小說도 사랑을 소재로 한 것만이 가능한 것입니다. 하다못해 유행가 가사도 대부분 사랑을 주제로 한 것이며, 아무리 타인의 가정 이야기라 할지라도 아름다운 사랑이 깃들어 있을 땐, 듣는 사람 즉 그 대상에 따라서 달라질 뿐, 사랑 자체가 품고 있는 근본적으로 아름다운 색상만큼은 그대로 있는 것입니다. 그렇기 때문에 사랑이 있는 곳은 흐뭇한 웃음이 있고 용서가 있으며 긍정적인 사고방식과 사물을 윤택하게 빛낼 수 있는 여유와 낭만이 있는 것입니다.

가족끼리 모여 있을 때 사랑이 있으면 화목한 줄거움이 있는 것이고, 친구 간에 사랑이 있을 땐 이해와 협조가 통할 수 있는 우정이 존재하는 것입니다. 그래서 세상을 사는 데에도 사랑이 있는 곳과 없는 곳은 너무도 다른 양상들이 펼쳐지는 것입니다.

버스를 기다리는 무질서한 사람들 속에 사랑이 있다면 질서 의식으로 표출되는 것이고, 자동차를 운전하는 사람들 사이에 사랑이 있을 땐 양보와 밝은 미소가 흘러나오는 것입니다. 부부간에 사랑이 있을 땐 깊은 배려와 값진 희생이 있는 것이고, 국가를 구성하는 국민들 속에 사랑이 있을 땐 충성심으로 승화되는 것이며, 스승과 제자 사이에 사랑이 있으면 존경과 희생이 샘솟는 것이고, 부모와 자식간에 사랑이 있을 때 효성이 싹트는 것입니다.

반대로, 사랑이 없는 곳에서는 인간이 저주하는 갖가지 일들이 생산됩니다. 국가 간에 사랑이 없을 땐 전쟁이 일어날 것이고, 형제간에 사랑이 없을 땐 미움과 질투가 생성되며, 친구 간에 사랑이 사라졌을 땐 폭력이 살아나고, 부부간에 사랑이 식었을 땐 이혼으로 종지부를 찍습니다.

그런가 하면 사랑이 없는 소설은 읽는 사람으로 하여금 불쾌감을 불러일으키고, 사랑이 사라져버린 詩의 구절은 사람에게 감동을 주지 못하며, 사랑이 없는 노래 가사는 사람들에게 생동감을 주지 못합니다.

이토록 사랑이란 이 세상의 모든 희로애락을 낳는 온상과도 같은 것입니다. 그렇기 때문에 사랑은 오래된 건물을 단장하는 페인팅과도 같은 것이요, 시들어가는 기계에 새로운 힘을 불어넣는 윤활유와도 같은 것이고, 사막 땅에서 만물을 소생시키는 단비와도 같은 것입니다.

학생 여러분 이렇게 새로운 활력소이며 에너지덩어리인 사랑을 하지 않겠습니까? 지금 이 순간부터는 주변에 있는 모든 사람들에게 단비가 될 수 있는 사랑을 퍼부어 주십시오. 그 대상이 사람이건 물건인건 간에 사랑을 준다는 것은 매우 보람 있고 뜻 깊은 일인 것입니다.

이제 학생 여러분들은 주면 줄수록 더욱 주고 싶은

이 아름다운 사랑을, 또한 아무리 낭비해도 끝도 없이 용솟음치는 영원한 사랑을, 그리고 세상을 밝게 빛내줄 수 있는 이 참된 사랑을 하는데 주저하지 않으리라 믿습니다.

왕따는 안 된다

학생 여러분 안녕하십니까?

학생 여러분은 아직 세상을 많이 살지 않아 잘 모르실지 모르겠으나 사람이 살아감에 있어 가장 비굴한 생각이 들 때가 언제인 지 아십니까? 또 그와는 반대로 가장 신바람이 날 때가 언제인 줄 아십니까?

글쎄요. 단 한 마디로 꼭 집어서 표현하기가 어렵겠지요? 아마도 이에 대한 대답은 사람에 따라 다를 것입니다.

사람들에게 가장 비굴한 생각이 들 때가 언제냐고 묻는다면, 어떤 사람은 돈이 궁색할 때라고 말할 것이고, 어떤 사람은 배가 고플 때라고 할 것이며, 어떤 사람은 학식과 지혜가 부족할 때라고 말할 것입니다.

그러나 돈이 없을 땐 생활을 살아가는데 풍족하지 못하고 궁색할지언정, 비굴한 심정까지는 들지 않을 것입니다. 왜냐하면 힘서 노력하여 돈을 벌었을 땐, 돈이 없었던 과거의 일은 오히려 아름답고 알뜰한 추억이 될 수 있기 때문입니다.

그 다음 배가 고픈 것에 관하여는 고픈 배를 무엇으로든지 채웠을 때는 금세 만족이 따르기 때문에 비굴한 감정까지는 갈 수 없는 것입니다.

마지막으로 학식과 지혜에 대해서입니다. 사실 우리가 일상생활을 살아감에 있어서 학식이나 지혜는 그렇게 많이 필요한 것은 압니다.

만약 특별히 필요할 때라면 그에 관한 책을 본다거나 다른 사람의 도움을 받으면 되는 것이니까요. 그리고 이럴 때마다 인간은 성숙되는 것이기 때문에 오히려 보람을 느끼게 되는 것입니다.

그러나 학생 여러분 우리가 정말로 비굴한 감정을 느껴 인생에 좌절을 느끼는 것은 돈도, 배고픔도, 학식도 아닌 것입니다.

그것은 바로, 다른 사람으로부터 무시를 당할 때 인

것입니다. 무시를 당한다는 것은 인격적으로 모멸감을 느끼는 것이며, 다른 사람과의 정상적인 인간관계를 맺을 수가 없을 때인 것입니다.

인간은 사회적인 동물입니다.

그래서 다른 사람과의 관계 속에서만이 내가 존재할 가치가 있는 것입니다.

그런데 다른 사람들로부터 무시를 당하게 된다면 인간관계는 차단되고 자신의 존재 가치는 없어지는 것입니다. 그때부터 이 사람은 배가 고파도 고픈 줄도 모르고, 잠도 오지 않으며, 바라고 싶은 희망도 사라지게 됩니다.

그리고 부모 형제도 모두 타인과 같은 느낌이 들 뿐 아니라, 모든 사람이 싫어지게 되어 결국 폐인이 될 수 있습니다.

결국 값진 인생까지도 포기할 수 있는 경우까지 갈 수도 있으니 이 얼마나 무서운 일이니까?

학생 여러분, 여러분들은 다른 사람에 대하여 그런 참담한 인생을 만들어주고 있는지 않는지요?

이것은 사람으로서 행할 수 없는 가장 악랄한 죄악이 되는 것입니다. 이러한 것을 가리켜 요즈음 여러분들이 쓰는 말로 '왕따'라고 하더군요. 이 왕따가 바로 인격모독의 주체인 것이며, 무심코 행한 왕따는 멀쩡한 사람의 전 인생을 망치게 하는 원인이 되는 것입니다.

학생 여러분, 가정이 조금 어렵다고 하여, 또는 몸이 정상이 못되고 좀 불편하다고 하여, 또는 양 부모 중 한 쪽 부모가 없다 하여, 또는 공부를 좀 못한다하여 친하게 지내야할 친구들로부터 따돌림을 당하게 되어, 이 밝고 발달된 세상이 어둡게만 보인다면 이처럼 불행스런 일이 어디 있겠습니까?

정말 사람으로서는 할 수 없는 일이 되겠습니다.

학생 여러분 이제 이렇게 합시다. 다른 사람에게 신바람을 불어넣어 주는 것입니다.

내가 알고 지내는 친구에게는 어떤 장점이 있는가를 찾아내는 것입니다. 그리고 그 장점들을 최대한 살려주는 것입니다.

사람에게는 장점이 있기 마련이고, 그 장점들을 알아준다는 것은 그 사람에게 생의 활력소를 안겨주는 것입니다.

그렇게 함으로써 그 사람은 모든 일을 적극적이고 열성적으로 수행할 것이고, 자신의 결점도 극복할 수 있는 용기가 생길 것입니다. 그리고 인간관계도 원만하게 되고 친숙하게 지낼 수도 있게 되니, 얼마나 좋은 일입니까?

소아마비로 인하여 평생을 장애자로 지냈던 미국의 루스벨트 대통령도 가까운 친구들의 격려와 칭찬으로 그렇게 훌륭한 인물이 될 수 있었습니다. 학생여러분 친한 친구는 천하를 줘도 살 수가 없습니다.

오늘의 우정이 영원히 좋은 관계를 유지하기 위하여 친구에게 잘 해줍시다. 왕따는 더 이상 안 되겠습니다.

어버이를 공경하자

이 세상에서 어버이의 가슴보다 더 포근하고, 아늑하며, 정답고, 편안한 곳이 어디 있겠습니까?

사람이라면 누구나 똑같이 느끼는 정으로써, 옛날이나 지금이나 동서양을 막론하고, 문명인이나 미개인이거나 어버이의 마음을 헤아려 흘리는 눈물은 똑같을 것입니다.

조선 중기의 송강 정철의 어버이에 대한 시조 속에 이런 말이 있습니다.

어버이 살아실 제 섬기길랑 다 하여라.

지나간 후면 애닯다 어이 하리.
평생에 고쳐 못할 일은 이뿐인가 하노라.

어버이는 여러분들과 함께 평생 살아갈 수가 없는 것입니다. 어버이는 언제가 여러분 곁을 영원히 떠나게 되어 있습니다.

나무가 오래되면 고목이 되고 옆에 새 순이 돋아나듯, 어버이도 여러분들과 같은 새 순에게 그 자리를 물려주고 다시 올 수 없는 먼 길을 떠나게 되는 것입니다. 그러므로 어버이가 살아 계실 때, 그 효를 다하라는 얘기입니다. 일단 돌아가시고 나면 살아 계실 때 잘 해드리지 못한 설움이 가슴을 메워 한이 된다는 교훈적인 시조가 되겠습니다.

그러한 마음은 율곡 선생의 격몽요결 사친(思親)장에서도 잘 나타나 있습니다.

'세월은 흐르는 물과 같아서 부모님을 오래 섬기지 못할 것이다. 그러므로 자식 된 자는 모름지기 정성을 다하고 힘을 다한다 하여도 미치지 못할까하듯 해야 한다' 라고 가르치고 있습니다.

그런가 하면 사람이 아무리 나이를 먹어도 부모님 앞에서는 어린애인 것이며 부모님의 사랑 속에 살고 있는 것입니다. 이러한 점을 조선시대 신사임당의 시에서 잘 엿볼 수 있습니다. 이 시에서는 신사임당이 출가하여 친정어머니를 생각하는 마음이 간절하게 들어있습니다.

산 첩첩 내 고향 천리련마는
자나 깨나 꿈속에서도 돌아가고파.
한 송정 가에는 외로이 뜬 달,
경포대 앞에는 한 줄기 바람,
갈매기는 모래톱에 헤락 모이락
고깃배들 바다 위로 오고 가리니,
언제나 강릉길 다시 밟아 가
색동옷 입고 앉아 바느질 할꼬.

강릉 경포대가 고향인 신사임당의 고향에 관한 묘사가 생생하게 잘 나타나 있습니다.

어버이는 이 세상 사람들 중에서 가장 고귀하신 분이십니다. 왜냐하면 어버이는 학식과 사회적인 지휘를 어떻던 또는 재산과 능력이 있건 없건, 그 용모가 어떻던, 그 모든 것을 초월하여 순수한 어버이로서의 가장 숭고한 위치에 고고하게 계시는 분이시기 때문입니다.

어버이의 눈은 사랑의 등불이요, 어버이의 손은 어떤 병에도 가장 잘 듣는 약손인 것입니다. 어버이의 가슴속에는 항상 자식의 장래를 염원하는 간절한 기도가 언제나 가득 차 있습니다. 어버이의 웃음 속에는 따스한 햇빛같은 신비한 능력이 들어있고 어버이의 눈물 속에는 과학적으로 증명 할 수 없는 위대한 마력이 들어 있습니다. 자식을 지키는 어버이의 눈은 아무리 캄캄한 밤에도 훤히 내다볼 수 있고, 자식을 지키는 어버이의 촉각은 자식이 아무리 멀리 떨어져 있어도 그 아픔을 함께 느낄 수 있습니다. 그리고 자식을 지키는 어버이의 마음에 등불은 아무리 강한 폭풍 속에서도 유유히 타오를 수 있는 것입니다. 이처럼 자식만을 위한 어버이는 쉬고 싶어도 쉬지 못하고, 먹고 싶어도 먹지 도 못하며, 잠자고 싶어도 잠 한번 실컷 잘 수 없는 그러한 희생된 삶을 살고 계시는 것입니다.

어버이에게도 여러분과 똑같은 싱싱하고 탄력 있는 팔다리가 있었습니다. 그리고 여러분처럼 맑은 눈동자도 있었고, 환한 미소와 지칠 줄 모르는 정열도 있었습니다. 그러나 이제 여러분들과 같은 새싹을 위하여 그렇게도 싱싱했던 모든 것을 다 바쳐버렸습니다. 그래서 지금은 자식들을 지탱할 수 있는 강한 의지력만이 남아있고, 끝까지 참아낼 수 있는 인내력만이 남아 있습니다. 그러면서도 여러분들만큼은 부모가 살아왔던 길보다는 훨씬 나은 앞길을 헤쳐 나가기를 바라는 간절한 마음만이 가장 싱싱하게 자리하고 있을 뿐입니다.

학생 여러분, 여러분은 이러한 어버이의 마음을 아시고 계시는지요? 내가 알기에는, 지금 학생 여러분은 어버이로부터 대단한 보살핌 속에서 자라나고 있습니다. 마치 왕자마마, 공주마마처럼 대우를 받으면서도 오히려 어버이께서 여러분에게 더 잘해주기만을 바라면서 조금만 불편해도 온갖 짜증을 다 내어 어버이의 마음을 아프게도 하고 있습니다.

그래서 오늘 이 시간을 이용하여 반성을 해야 합니다. 학생 여러분이 부모님께 어떠한 점을 가장 가슴 아프게 해드렸는지를 반성해야 합니다.

우선 어버이의 은혜를 알기 위해서는 이렇게 먼저 나의 잘못에 대한 반성이 있어야 합니다. 반성은 나를 항상 새롭게 해주는 묘약입니다. 이 반성을 통하여 여러분은 새로워질 수 있습니다.

그런 다음에는 우선 먼저 어버이께서 베푸시는 모든 것에 대하여 감사한 마음을 품어야 되겠습니다. 그리고 말 한마디라도 공손하게 말씀드리는 습관을 들여야 되겠습니다.

다시 말해서 지금까지는 어버이께서 사주고, 먹여주고, 깨워주고, 입혀주고, 보살펴 주시던 모든 것을 당연하게 생각하며 받기만 했던 위치에서, 앞으로는 고맙고 은혜로운 마음을 품고 받는 위치로 변한다면 어버이의 마음은 정말 기쁘실 것입니다. 그리고 새벽부터 저녁 늦게까지 애쓰시는 어버이의 팔과 다리에 한층 더 힘이 솟을 것입니다.

더구나 여러분들의 따뜻한 말 한마디, 즉 '엄마 요즈음 얼마나 피곤하세요. 제가 훌륭하게 자라서 꼭 효도해드리겠어요'라고 다정하게 말했을 때, 어버이에게는 그것보다 더 훌륭한 청량제가 없을 것입니다. 그리고 그 말은 들으신 어버이께서는 그때부터 모든 생의 의욕이 다시 샘솟을 것입니다.

여러분, 이런 일은 결코 어렵고 힘든 일이 아닙니다. 어버이에 대한 여러분의 고운 마음만 있으면 얼마든지 가능한 일입니다. 꼭 실천하시기 바랍니다. 그래도 이렇게 나의 잘못을 반성이라도 하고 용서를 빌

수 있는 어버이가 계시다는 사실이 너무도 감사한 일인 것입니다.

이 세상에는 불효를 뉘우치고 잘못을 반성해도 그 반성을 받아줄 어버이가 없는 사람이 얼마나 많은지 모릅니다.

그 중에서도 한창 보호 받아야할 나이에 어버이 없이 외롭게, 그리고 스스로 살아가는 소년 소녀 가장들을 생각해보시기 바랍니다. 그 사람들은 이 어버이 날이 돌아왔어도 가슴에 카네이션 하나 달아드릴 부모님이 없습니다. 아마 우리 주변에도 그런 사람이 많이 있으리라 봅니다. 그 사람들과도 외로움을 함께 하여주시기 바랍니다.

학생 여러분은 이 날을 기회로 각별히 부모님을 공경하는 마음을 기르시기 바랍니다.

한 사람이 주는 의미

개인에게 있어 한 사람이라는 존재는 이 세상의 전부요, 우주 전체입니다. 그러나 지구상에 살고 있는 60억 인구에 대한 한 개인의 존재는 미세한 세포에 불과한 것입니다. 이렇게 전체일 수도 있고 미세한 세포도 될 수 있는, 한 사람의 존재는 우리의 삶의 현장에서 어느 정도의 의미를 주고 있는 것일까?

명쾌하게 출발했던 반나절의 여행길에서도 옆에 앉은 한 사람을 잘 만나면 온 여행길이 즐거울 수 있겠지만, 한 사람을 잘 못 만났을 땐 온 여행길이 고생길이 될 수도 있는 것입니다. 한 직장에서 한 사람의 동반자를 잘 만나면 매일의 생활이 밝겠지만, 그 한 사람 때문에 매일이 지옥일 수도 있습니다. 배우자 한 사람은 전 일생을 보람되게 결정지을 수가 있으며, 믿었던 친구 한 사람이 나를 헤어날 날 수 없는 비행의 구렁텅이로 몰아넣을 수도 있습니다.

한 사람의 말 한 마디가 생의 좌표를 잡는데 원동력이 될 수 있는가 하면, 한 사람의 감언이설이 돌이킬 수 없는 죄악의 오점을 생산시킬 수도 있는 것입니다. 한 사람의 넓은 가슴은 초라한 한 사람의 포근한 둥지가 될 수 있고, 그 가슴을 잃은 한 사람은 평생을 방황 속에서 헤맬 수가 있습니다.

자녀 한 사람은 부모가 가질 수 있는 모든 재산이요, 자녀에게 있어 부모 한 사람은 온 천지를 가릴 수 있는 우산이 되는 것입니다. 무대 위에서 숙련된 한 사람의 연기는 모든 사람의 감동을 자아낼 수 있고, 자식으로서 한 사람의 패륜 행위는 모든 사람을 분노케 할 수 있습니다.

한 사람이 파 놓은 우물은 모든 사람의 목을 적셔주고, 한 사람의 잘 다듬어진 행위는 길거리에서도 모든 사람에게 귀감이 될 수 있습니다.

대통령 한 사람을 잘 만나면 온 국민이 편안한 것이요, 무능한 군수 한 사람은 군민을 가난하게 할 수도 있습니다. 저 깊은 산골에서의 삶조차도 이장 한 사람을 잘 만나면 그 해의 농사를 잘 지을 수가 있는 것입니다.

힘들고 어려운 환경에 처해있을 때에도, 우연히 만난 한 사람이 모든 친지들보다 더 귀한 구원자가 될 수가 있고, 낯선 지역에서도 한 사람의 안내자를 잘못 만났을 땐 길거리에서 온 종일을 낭비할 수도 있습니다.

그런가 하면 한 사람이 지나간 자리엔 나무와 꽃이 남는가 하면, 한 사람이 지나간 자리에는 초목과 꽃이 무참히 꺾일 수도 있습니다. 한 사람의 실수가 온 산을 다 불태우는가 하면, 한 사람의 풍부한 생각은 온 산을 푸르게 가꿀 수도 있습니다.

한 사람의 운전 부주의로 인한 교통사고는 온 고속도로를 주차장으로 만들 수 있고, 한 사람의 교통정리는 모든 사람들의 마음을 편케 해 줄 수가 있습니다. 한 사람의 지식 탐구는 모든 사람의 눈을 밝게 해 줄 수가 있고, 한 사람의 아름다운 글귀는 모든 사람들의 심금을 울려줄 수가 있습니다. 그래서 셰익스피어나 괴테와 같은 한 사람이 영원히 살아있는 원인이 되는 것입니다.

또한 한 사람의 생각이 따뜻한 것이었다면 살얼음도 녹일 수가 있고, 한 사람의 생각이 냉혹한 것이었다면 인간성 자체를 말살시킬 수도 있습니다.

그 한사람이 히틀러였다면 유태인 육백만 명의 대학살을 낳을 수가 있고, 그 한사람이 빈 라덴이었다면 미국의 9·11 테러와 같은 커다란 참사를 불러 올 수가 있습니다.

에디슨과 같은 한 사람이 없었다면 오늘날 우리는 전기의 혜택을 볼 수 없을 지도 모르고, 아인슈타인과 같은 한 사람이 없었다면 상대성 원리의 존재가 불투명했을 것입니다.

세종대왕과 같은 한 사람이 없었다면 우리는 한글을 모르고 살았을 지도 모르고, 이순신 장군과 같은 한 사람이 왜군을 막지 않았더라면 우리는 지금 일본사람이 되어있을지도 모르는 일입니다. 유관순과 같은 한 사람의 절규는 한 민족을 구할 수가 있고, 이완용과 같은 한 사람은 한 나라를 송두리째 다른 나라에게 넘겨줄 수가 있습니다.

그러면 과연 그 한 사람이란 어느 정도의 위력이 있

는 것일까? 한 사람의 일생을 살펴보면 대부분의 사람들은 한 사람으로 인하여 뜻을 펼칠 수도 있었고, 단 한 사람으로 인하여 장대한 꿈이 꺾일 수도 있었습니다. 그러기에 한 사람이 주는 의미는 한 민족의 전체일 수도 있고, 한 역사를 새롭게 펼칠 수도 있으며, 온 세상의 전부일 수가 있습니다.

그러니 학생 여러분, 여러분 자신은 다른 사람에게 있어 영향력 있는 한 사람의 위치에 서서 매일 크나큰 역할을 수행하고 있는 것입니다.

여러분 한 사람의 해악한 행위는 모든 사람의 아픔이 될 수가 있고, 여러분의 선한 눈빛 하나가 세상을 밝게 비출 수도 있는 것입니다. 그러니 여러분 한 사람은 한 개인으로 끝나는 것이 아니라 사회라는 커다란 동력기계 속에 하나의 중대한 부속품이 되어 오늘이 시간에도 주변의 많은 사람들의 생활에 깊숙이 관계되어 살아간다는 사실을 알아야 할 것입니다.

그런 의미에서 옆에 앉은 친구의 얼굴을 한 번 바라보십시오, 그리고 생끗 웃어보십시오.

칭찬합시다

학생 여러분, 안녕하십니까? 오늘은 칭찬에 대해서 말씀드리겠습니다.

우리가 먹는 음식물이 육체를 살찌게 한다면, 칭찬이야말로 마음을 건강하게 살찌게 하는 것입니다. 남녀노소는 말할 것도 없으며, 고금동서를 막론하고 칭찬을 듣고 기분 나빠할 사람은 없는 것이며, 일반적인 사람들은 칭찬을 듣고 나면 신바람이 저절로 나는 것이 보통입니다. 그러므로 칭찬은 우리 마음에 대하여 가장 좋은 보약이라 할 수 있을 것입니다.

또한 다른 사람을 칭찬한다는 것은 자신에게도 역

시 좋은 심성을 쌓는데 도움을 주는 것입니다.

그래서 다른 사람의 칭찬거리를 찾을 수 있는 사람은 마음 자체가 넉넉한 사람인 것이고, 세상을 밝게 살아가는 사람이며, 자기의 삶 자체를 자신 있게 살아가는 사람인 것입니다.

이 세상 어디에 사는 누구이거나 삶이란 자신만이 창조해 나갈 수 있는 유일한 길입니다.

사람 중에는 좁은 시야를 가지고 항상 각박한 인생을 살아가는 사람은 다른 사람의 칭찬거리를 볼 수가 없는 것입니다. 보이는 것이라고는 결점이나 흠집만 보이는 것이며, 설사 장점이나 칭찬거리를 본다 해도 그것을 소화할 수 있는 마음의 여유가 없는 것입니다.

이런 면모를 살펴볼 때, 다른 사람을 칭찬할 줄 아는 사람이야말로 이 세상을 포용할 수 있는 큰 가슴을 가지고 있다고 봐야겠습니다.

사람이란 제 아무리 훌륭한 사람일지라도 양면성을 지니고 있습니다. 즉 장점과 단점 또는 밝은 점과 어두운 점을 가지고 있다는 말입니다.

보통 일상생활에서 나쁘다고 소문이 난 사람도 단점 투성이 사람인 것 같지만, 실제로는 그 사람에게도 다른 사람이 갖지 못할 장점이 분명히 있는 법입니다. 칭찬이란 바로 이러한 장점을 발견하여 그 사람의 용기를 북돋워주는 것이며, 칭찬이야말로 칭찬을 받을 수 있는 사람을 만드는 묘약인 것입니다.

그러므로 집에서나 학교에서 또는 사회에서 칭찬을 하는 사람이나 칭찬을 받는 사람은 절대로 비뚤어질 수 없습니다. 비뚤어지기는커녕 긍정적 사람과의 인간관계 또한 원만하게 되어 마음속에 훈훈한 정이 쌓이게 되는 것입니다.

이러한 사람은 마음속에 인정이 넘쳐흐르기 때문에 불의한 일에는 전혀 젖어들지 않는 것이며, 다른 사람의 안타까운 일도 자기 일처럼 애틋한 마음으로 받아들이게 되는 것입니다.

각 방면에서 성공한 사람들이란 바로 이러한 부류에 속하는 사람들인 것입니다.

그렇기 때문에 우리사회를 밝게 펼쳐나가고, 동료나 형제, 이웃사이를 정답게 꾸미기 위해서는 조그마한 일에도 칭찬을 하고 또 칭찬을 듣는 사회를 만들어가야 하겠습니다. 그러나 칭찬이 아무리 좋다하여 그 사람과는 전혀 관계가 없는 말을 한다면 듣는 사람으로 하여금 칭찬이라기보다 놀려대는 말이나, 비꼬는 말이 되어 오히려 역효과를 낼 수 있으니 주의

해야 되겠습니다.

학생 여러분, 지금 이 시간, 여러분들의 친구, 선배, 동생 또는 선생님과 부모님, 이웃 사람에 이르기까지 그 사람들은 어떤 좋은 점을 가지고 있는지 생각해보시기 바랍니다.

그 사람들은 대면했을 때, 먼저 그러한 장점만을 생각하면서 바라보시면 한결 마음이 편안할 것입니다. 그리고 그 분들이 한결 훌륭하게 보일 것이며, 나의 마음속에 다정하게 와 닿을 것입니다. 이럴 때 여러분들의 표정은 밝고 아름답게 보일 것이며, 이것이 바로 밝은 사회를 만드는 첩경이 되겠습니다.

감사하는 마음을 갖자

"몸에 한 가닥 실오라기를 걸쳤거든 항상 베 짜는 여인의 수고를 생각하고, 하루 세 끼니의 밥을 먹었거든 마냥 농부의 노고를 생각하라."

이 말은 ≪명심보감≫에 나오는 말 가운데 한 구절입니다.

감았던 눈을 뜨고 새롭게 주변을 돌아보면 우리에게는 감사할 것이 참으로 많다는 것을 느낍니다.

드넓게 펼쳐진 아름다운 세상 속에 우리는 작은 생명체의 하나로 태어났습니다. 그리고 만물의 영장인 인간이 되어, 어엿한 하나의 인격자로 성장하고 있습니다. 우리 주변을 한번 둘러봅시다. 오늘이 있기까지 우리가 혜택을 입지 않은 것이 거의 없습니다.

그리스의 철학자 플라톤도 죽음을 앞에 두고 생각했습니다. 그리고 자기가 다른 생물이 아닌 인간으로 태어났던 것을 감사했습니다. 또한 야만인이 아닌 그리스인으로 태어난 것을 더욱 감사했고, 소크라테스와 똑같은 시대에 함께 태어났던 자기의 운명에 대해 참으로 행복하게 생각했습니다. 우리가 흔히 무심코 지나쳐 버릴 수 있는 가장 평범하고 당연한 것에 대해 플라톤은 감사할 줄 알았던 것입니다.

그러나 우리는 생활을 살아감에 있어, 감사에 인색한 점이 많습니다. 감사하기는커녕 잊어서는 안 될 경우가 많습니다.

건강한 정신과 사지가 멀쩡한 튼튼한 몸이 있음을 감사해야하고, 삶의 지혜와 다른 사람을 사랑할 수 있는 따뜻한 마음이 있음을 감사해야 합니다. 또한 떠돌이처럼 방황하지 않고 안정된 생활환경 속에 언제나 다정한 미소로 맞아주는, 주변의 낯익은 얼굴들이 가깝게 있다는 사실을 감사해야 합니다.

그뿐만 아닙니다. 새벽부터 가족들의 식사를 정성으로 만들어 주시는 어머님께 감사해야 하고, 오늘도 여러분들의 행복한 삶을 위해, 직장에서 수고하실 아버지께 감사해야 합니다. 깨끗한 거리를 위해 애쓰시는 이웃 아저씨께도 감사할만하고, 이른 새벽부터 우유나 신문배달을 하여, 우리 생활을 도와주는 사람들에 대한 고마움도 느껴야 합니다.

또한 나와 똑같이 배움의 길을 걸어가면서 시시때때로 장난도 하고, 대화를 하며 꿈을 키워 가는 가까운 친구들이 있다는 사실에 감사해야 합니다.

그리고 매 시간 온갖 열성을 다하여 가르치시는 선생님께는 백 번 천 번을 고개 숙여 감사해도 부족할 따름입니다. 부모님과 선생님의 사랑은 똑같은 사랑입니다. 세상에 이보다 더 큰 사랑이 어디에 있고, 봉사와 헌신만 하는 그러한 숭고한 사랑이 어디 있겠습니까? 마냥 감사하고 감사한 일인 것입니다.

그런데 이러한 감사에 대한 마음의 표시는 물질과 노력으로만 베푸는 것이 아닙니다. 항상 감사한 마음을 품는 것이 가장 중요한 일이겠고, '감사합니다', '고맙습니다'라고 하는 말 한 마디가 훌륭한 보답이 될 수 있는 것입니다. 더구나 쌩긋 웃는 얼굴은 인정에 메마른 회색 빛 세상을 아름답게 색칠하는 무지갯빛 크레파스가 되어 세상을 밝게 만들 것입니다.

그러니 학생 여러분, 우리 이 시각부터는 감사하는 마음을 한없이 품어보시기 바랍니다. 감사한 마음은 아무리 많이 품어도 우리의 마음의 샘물은 마르지 않을 것입니다. 그러면, 학생 여러분의 마음속에 감사하는 마음이 이 좋은 계절과 함께 촉촉이 내려앉기 바랍니다.

시작과 인내는 성공의 지름길이다

새벽에 일찍 일어나는 사람은 벌써 다른 사람보다 하루를 멋지게 시작한 것이고, 새봄에 씨를 남보다 일찍 뿌린 사람은 벌써 일년을 앞서가고 있는 사람이며, 소년시절에 깨우침이 큰 사람은 갖가지 시련을 다른 사람보다 훨씬 잘 이길 수 있습니다.

하루의 여행길에 오르려면 신발을 튼튼히 해야 하고, 10년의 계획을 위해서는 나무를 심어야 하며, 백년의 평안을 위해서는 교육을 받아야 한다고 했습니다. 교육을 받아야 한다는 이야기는 배워야 한다는 뜻이고 배움이라는 것은 배우려고 시작했으면 벌써 반나절은 배웠다는 얘기입니다.

모든 시작은 빠를수록 좋고, 빨리 하면 그만큼 결실도 앞당길 수 있어 좋은 것입니다.

그러나 올바른 시작은 결국 행복의 문을 두드릴 수 있겠지만, 그릇된 시작은 불행의 벼랑으로 떨어지고 마는 수가 있는 것입니다. 여기서 말하는 시작이란 올바른 시작, 즉 지혜로운 시작을 뜻하고 있다는 것은 두 말할 필요가 없겠습니다.

누구에게나 시작이란 용기가 필요한 것입니다. 어떤 일이거나 시작한다는 자체는 용기가 없고서는 할 수 없기 때문입니다.

다른 사람이 하니까 그냥 따라서 한다거나, 하라고 하니까 어쩔 수 없이 시작하는 것은 도중에 그만 둘 확률을 처음부터 내포하고 있었음으로 실패한다는 것은 불을 보듯 뻔한 일입니다.

무엇이든지 시작에는 때가 있는 것이며, 그 시기는 빠를수록 얻는 것도 크고 활용할 수 있는 시간도 더 많이 얻을 수 있는 것입니다.

지식을 얻는 일도 마찬가지입니다. 뇌가 한창 발달할 때 시작하여 정착시켜야 쉽게 정착이 되고 또 오래도록 유지 발전시킬 수가 있기 때문입니다.

예를 들어 초등학교 때 암기했던 구구단은 평생을 가더라도 잊혀지지 않고 활용할 수 있는 것이니 그 좋은 본보기라고 보겠습니다.

이러한 지식뿐 아니라 몸에 익히는 기능도 그렇습니다. 아무리 자전거 타기가 쉽다 해도 어렸을 때 배운 사람은 성인이 되어도 그 기능을 그대로 보유하겠지만, 나이가 들어 배웠을 때는 조금만 공백 기간이 있게 되면 그 기능이 사라진다는 사실입니다.

발명왕 에디슨은 말했습니다.

"나는 일단 생각난 것이 있으면 무엇이든지 실천을 했다."

여기서 우리는 에디슨이 '생각난 것은 모두 실천했다'는 말에 주목해야 되겠습니다. 즉 에디슨은 생각난 것이라면 일단 시작을 하였고 그것을 성사시키기 위해 필사의 노력을 하였으며 기필코 이룩했다는 사실을 말입니다.

그런데 여기서 곁들여 생각해야 할 것이 하나 더 있습니다. 그것은 바로 에디슨에게는 대단한 인내력이 있었다는 사실입니다. 왜냐하면 에디슨은 닭이 병아리를 탄생시키는 것을 보고 자신도 병아리를 탄생시키기 위해 헛간에서 21일 동안 달걀을 품에 안고 있었습니다.

우리는 여기서 사람이란 어떠한 생각을 일단 하게 되면 그것을 용기 있게 시작하고, 인내하면서 꾸준히 실천하면 나폴레옹이 말했던 명언처럼 '내 사전엔 불가능이란 있을 수 없다'라는 구절을 자기 자신이 직접 체험할 수가 있는 것입니다.

우리는 주변에서 이런 실천적인 사람들의 예를 심심치 않게 찾아볼 수가 있습니다.

그 한 예로써 보통 사람들은 하나 따기도 힘든 자격증을 몇 개씩 가지고 있는 사람들이 바로 그런 사람들이요, ≪기네스북≫에라도 오를 정도로 어떤 일들을 능수능란하게 척척 잘 해내는 사람들도 그런 사람들입니다.

그러나 이러한 사람들이란 우리와 전혀 다른 괴인들이 아닌 것입니다. 단지 우리들처럼 평범한 사람들일 뿐입니다. 그런데 이 사람들이 이렇게 되기까지는 얼마나 피나는 노력이 있겠습니까?

어떤 어려운 일을 용기 있게 시작했고, 그 일을 위해 끝까지 참고 이겨내는 불굴의 인내가 있었기에 가능한 일이었을 것입니다.

학생 여러분, 여러분들도 이러한 잠재 가능성을 충분히 함축하고 있기 때문에 여러분들의 노력여하에 따라서는 아주 우수한 재능을 살려낼 수가 있다는 사실을 알아야 하겠습니다.

긍정적인 생활태도를 갖자

어느 날 채석장에서 세 사람이 나름대로 작업을 하고 있었습니다. 한 사람은 아무 말도 하지 않고 무표정한 모습으로 묵묵히 돌을 떼어내고 있었고, 또 한 사람은 화가 난 듯 분노의 모습으로 이를 으드득 갈며 돌을 떼어내고 있었습니다. 그런데 다른 한 쪽에서 일하고 있는 사람은 이들과는 매우 대조적이었습니다.

이 사람은 얼굴에 담뿍 미소를 머금고 돌을 쪼면서도 간간히 콧노래까지 부르고 있었습니다. 똑같은 일을 하면서도 이 사람들은 왜 이렇게 다를까?

그래서 맨 먼저 아무 말 없이 무표정하게 돌을 쪼는 사람에게 물었습니다.

"당신은 왜 그리 말도 하지 않고 무표정한 얼굴로 돌만 쪼고 계십니까?"

그런데 그 사람은 그 말을 들었는지 듣지 못했는지 묵묵부답이었습니다. 그러더니 긴 한 숨을 한번 내리 쉰 다음 입을 열었습니다.

"글쎄요, 나 자신도 지금 이 일을 해야 할이지, 그만 두어야 할이지 잘 알 수가 없구려. 가족들을 생각한다면 다른 방법이 따로 없으니, 이 일을 계속해야 되겠고, 일 자체를 두고 보면 매일 하는 일이 똑같아 싫증이 나니 집어치우고 싶고……."하면서 말끄리를 흐렸습니다.

이번에는 화가 난 듯, 이를 북북갈며 돌을 떼어 내고 있던 사람에게 물어보았습니다.

"당신은 어찌하여 그렇게 화가 난 듯 돌을 떼어 내고 계십니까?"

그때 그 사람은 화난 것을 확 불어내기라도 하듯이 큰 소리로 말했습니다.

"말도 마십시오. 세상에 오죽이나 할 짓이 없어서 매일 이 돌멩이와 씨름을 하고 있는 것인지 나도 모르겠다오. 돌멩이는 아무리 두들겨 봐도 역시 돌멩이 뿐이라오. 점점 힘은 달리고 이젠 돌멩이 두들기는 일도 지쳤다오."

그래서 이번에는 콧노래를 부르며 일하고 있는 사람에게 물어보았습니다.

"당신은 무슨 생각을 가지고 돌을 떼어내기에 그리도 기쁜 것입니까?"

그 말이 떨어지기가 무섭게, 그 사람은 명쾌하게 대답했습니다.

"나를 하찮은 석수장이로 보지 마십시오. 나는 돌을 다루는 자랑스러운 예술가요. 저 작품들을 보십시오. 저 석탑과 저 돌상도 내가 만들었다오. 누가 알아주던 알아주지 않던 내가 하는 일은 모두가 나의 창작이요, 예술이라오. 그러니 내가 즐거울 수밖에요."하면서도 연신 웃음을 잃지 않았습니다.

학생 여러분, 여러분은 이 세 사람들 중에서 어떤 사람이 되기를 원합니까? 무표정한 사람입니까? 매사에 불만을 터트리고 있는 사람입니까? 그렇지 않으면 즐겁게 자기의 리을 받아들이고 있는 사람이겠습니까?

물론 여러분들이 지금 생각하는 것과 여러분들이

실제로 그 일에 주인공이 되었을 때의 생각은 다르겠지요. 하지만 우리는 이 세 사람의 태도에서 중대한 교훈을 얻을 수가 있습니다.

먼저 첫 번째 사람부터 살펴보겠습니다.

이 사람은 자신의 일을 능동적, 적극적으로 하지 못하고 마지못해 하고 있으므로 자기 자신도 힘이 들며 취미가 없어지고 능률도 오를 수가 없습니다. 그러므로 이 사람은 어떤 일을 하든지 만족이란 있을 수가 없는 것입니다.

두 번째 화가 난 사람처럼 일하고 있는 사람입니다.

이 사람은 이 일 뿐만 아니라, 다른 일에서도 만족을 얻기란 힘이 들 수 있습니다. 일에 대한 만족이란 자신이 그 일을 어떻게 받아들이느냐에 따라서 다른 것인데, 자기의 일에 대하여 자신이 먼저 폭발적인 불만을 품고 있으니, 누가 감히 만족을 안겨주어야 하겠습니까? 이 사람은 결국 쌓이는 스트레스로 인하여 그 일을 그만 두게 될 뿐만 아니라 병까지 얻을 수도 있습니다.

세 번째 유쾌하게 일하는 사람입니다.

우선 이 사람에 대해서는 그 사람을 보는 사람이 먼저 즐겁습니다. 이 사람은 다른 사람들이 석수장이라고 작기 비하시키는 일에 대해서도 자신은 예술가라는 떳떳한 긍지를 가지고 스스로 만족을 찾고 있으니 얼마나 보람 있는 일입니까?

돌을 다루든 흙이나 나무를 다루든, 또는 석고, 종이 등 무슨 재료를 사용하든 간에 작품을 만든다는 것은 하나의 창작을 위한 예술 활동인 것입니다. 그 예술 활동에 종사하는 사람이니 고귀한 예술가임에 틀림없습니다.

그런데 자신이 예술가로서의 긍지를 갖지 않는다면 자신의 위치를 누가 찾아주겠습니까? 결국 보람있게 살 수 있는 삶인데도 불행을 스스로 자처하는 꼴이니 안타까운 일인 것입니다.

그렇습니다. 행복과 불행은 전적으로 자신에게 달려 있는 것입니다. 아무리 비단 옷을 입고서는 불행하게 느끼면 불행한 것이고, 오두막집에서 나물먹고 물을 마시더라도 행복하게 느끼면 행복한 것입니다.

학생 여러분, 여러분들도 오늘부터 행복감에 젖어 보세요. 그러면서도 무엇이든지 감사하며 긍정적으로 받아들이는 생활 태도를 형성하시기 바랍니다.

자기 자신의 계발에 힘쓰자

미국 애리조나 주에 크리스티 브라운이라는 사람이 살고 있었습니다.

그는 12명의 자녀를 둔 가난한 가정에서 열 번째 아들로 태어났습니다. 그는 출생 때부터 심한 뇌성마비를 앓았고, 결국 전신을 꼼짝 할 수 없는 불구자가 되었습니다.

그의 어머니는 한시도 그의 곁을 떠나지 않고 신체의 일부라도 살리기 위하여 헌신적인 노력을 기울였습니다. 그러한 덕분에 크리스티 브라운은 신체 중에서 유일하게 왼쪽 엄지발가락 하나만을 자율적으로

움직일 수 있었습니다.

바로 그때가 브라운이 다섯 살 되었을 때였습니다.

그는 엄지발가락 사이에 연필을 끼워 글씨를 쓰기 시작하였습니다. 그의 눈물겨운 자신과의 싸움은 이때부터 시작되었고, 겨우 '엄마'라는 단어를 쓸 수 있었습니다.

그때 그 자신은 물론 엄마의 마음도 뛸 듯이 기뻤습니다. 그리고 '불가능이란 없다'라는 확신을 얻게 되었습니다. 그 이후 브라운과 그의 엄마는 글씨 공부를 넓혀 나갔고, 상상의 나래를 힘껏 펼쳐나갔습니다.

결국 브라운은 그의 저서인 ≪나의 왼발≫이란 책을 만들어 내게 되었습니다.

그때까지 그의 상상을 뛰어넘는 극기와 인내심은 우리를 숙연하게 함과 동시에 우리에게 깊은 교훈을 주고도 남음이 있습니다.

자, 학생 여러분!

우리를 숙연하게 함과 동시에 우리에게 깊은 교훈을 주고도 남음이 있습니다.

자, 학생 여러분!

우리는 크리스티 브라운에게서 무엇을 배워야 하겠습니까? 그리고 무엇을 느껴야하겠습니까?

우선 우리는 건강한 신체를 가지고 태어났다는 사실에 대해 깊은 감사를 느껴야 하겠습니다.

그리고 그 건강한 신체를 활용하여 못할 것이 없다는 확신도 가져야 하겠습니다. 즉 이 건강한 팔다리로 이 세상에서 못할 것은 아무 것도 없다는 자신감이 넘쳐야 한다는 말입니다.

저 하늘을 날아다니는 새들을 보십시오. 나무나 풀섶 위에 또는 땅 위에 입 하나만 가지고 그토록 아늑한 보금자리를 짓지 않습니까?

더구나 우리는 팔다리를 자유자재로 움직일 뿐 아니라, 생각하고 기억하고 창조할 수 있는 명석한 두뇌를 가지고 있습니다.

그 두뇌를 어떻게 개발하느냐에 따라 무한한 가능성도 얼마든지 창조할 수 있습니다.

그러나 이렇게 감추어진 재능이 겉으로 발휘되기까지는 끊임없이 자신을 갈고 닦는 극기가 수반되어야 합니다. 그리고 고통을 참아내는 인내가 반드시 따라야 되겠습니다.

'천재는 노력의 산물이다'라는 말은, 결코 우연히 노력 없이 만들어진 천재는 없다는 뜻입니다.

불우한 가정환경 속에서 젊은 나이에 청각까지 잃

어버렸던 베토벤은 한때 자살도 결심했었습니다.

그러나 예술에 대한 정렬과 어머니에게 배운 꿋꿋한 의지력을 바탕으로 고난의 연속인 가혹한 자신의 운명에 도전하여 끊임없이 노력한 결과 그는 오늘날 음악의 성인으로 일컬어지게 된 것입니다.

방안에서 고생 없이 편하게 자란 콩나물은 꽃도 피지 않고 열매도 맺을 수가 없습니다.

그러나 메마른 땅에서 햇볕을 받고 온갖 비바람과 싸우며 주변 잡초의 방해와 해충에 시달리며 꿋꿋하게 자란 콩나물은 끝내 수십 개, 수백 개의 열매를 맺을 수가 있습니다.

우리의 삶도 바로 이와 같습니다.

우리의 삶이란 결국 나를 둘러싸고 있는 주변 환경과의 싸움이요, 끊임없이 이어지는 나 자신 속의 의지와 싸움입니다.

그러기 때문에 좋은 환경 속에서 시련없이 자란 사람은 살아가는 과정에서 조금만 어려운 일이 닥쳐도 해결하려는 노력보다는 쉽게 포기해버리는 습성이 생기는 것입니다.

따라서 인생 전체를 망쳐버릴 수도 있는 것입니다.

일방적으로 바로 여러분들이 이렇게 너무 좋은 환

경에서 살아가고 있다는데 걱정거리가 있는 것입니다. 여러분들은 아무런 노력 없이도 먹을 것, 입을 것을 풍부하게 얻을 수 있고, 모든 생활의 편리한 용품들이 여러분 주변에서 손만 벌리면 닿을 수 있는 곳에 널려 있습니다. 그러면서도 여러분들의 부모님은 여러분들에게 한 가지라도 불편한 점이 없는지, 또한 더욱 편하게 살게 할 수는 없는지를 살피고 있습니다.

그러니 여러분들은 방안에 있는 콩나물과 무엇이 다르겠습니까?

생활이 아무리 편리해도 또는 먹거리, 입을 거리가 아무리 풍부하다 해도 인간으로써의 쌓아야할 시련은 겉으로 오는 것이 아니라, 내면의 세계에 존재하는 것입니다.

그러므로 여러분들은 이 내면의 세계를 튼튼하게 단련하는데 온갖 정성을 다해야 합니다. 그러한 훈련이 바로 학교에서 이루어지는 교육활동 속에 들어 있는 것입니다.

청소시간에 내가 맡은 몫을 깨끗이 정리하는가 하면 체육 시간에 땀을 뻘뻘 흘리면서 게임에 정정당당하게 임하며, 교실에서 다소곳이 앉아 독서로 마음을 살찌우고, 친구의 어려운 사정을 내 일처럼 도와주는 아량을 기르는 것입니다.

그리고 아는 사람을 만났을 때 예의 바른 태도와 경건한 마음으로 존경할 줄 아는 미덕도 쌓아야 됩니다.

그렇지 않고 친구와 만나기만 하면 싸울 것만 생각하고, 청소시간에 제 의무를 다하지 못하고 오히려 기물이나 때려 부수는가 하면, 골목이나 지키고 있다가 하급생이나 힘이 약한 학생들의 호주머니를 털어 돈이나 뺏는 가장 악랄한 사람들은 장래의 희망이 전혀 없는 것입니다.

희망은 고사하고 지금 현재 자기 인생을 패망시키고 있는 것입니다.

이제 여러분은 중학생입니다. 성인이 되기 위해 중간쯤 자란 중학생답게 여러분들의 심신이 성숙되어야 합니다.

따라서 여러분들은 홀로 서기에 길들여져야 합니다. 그리고 인생 전체를 향한 깊은 고민도 해봐야 하고, 꿈의 설계도 세우고 또 세워 봐야 합니다.

왜냐하면 이 세상 그 아무도 여러분의 인생을 대신 살아줄 사람이 없기 때문입니다.

학생 여러분, 우리는 여기에서 분명히 알아 둘 일이 있습니다. 인생이란 자신과의 싸움에서 이기기 위하여 참을성 있게 노력하는 사람만이 자신의 독특한 일을 창조하는 것이고, 결국 그 방면에서 최고가 되어 삶의 큰 보람과 결실을 거둘 수 있다는 사실을 말입니다.

미소는 타인에게 가장 값진 선물

카네기는 다음과 같이 말했습니다.

“이것은 별로 소비되는 것은 없으나 건설하는 것은 많으며, 이것을 주는 사람은 해롭지 않고 받는 사람에게는 넘치며, 짧은 인생에서 생겨나서 그 기억은 길이길이 남으며, 이것 없이 참다운 부자가 된 사람이 없고 이것을 가지고 정말 가난한 사람이 없다. 이것은 가정의 행복을 더하며, 사업에 호의를 찾게 하고, 친구간의 사이를 더욱 가깝게 한다. 이것은 피곤한 자에게 휴식을 주며, 실망한 자에게 소망이 되며

우는 자에게 위로가 되고, 인간의 독을 제거하는 해독제가 되는 것이다. 그러면서 이것은 돈으로 살 수도 없고, 벌 수도 없으며, 빌릴 수도 없는 것이며, 더욱이나 도둑질 할 수도 없는 것이다."

카네기가 여기서 '이것'이라 하는 것은 무엇이겠습니까? 그것은 '미소'라는 것입니다. 정중한 부인의 미소는 남편에게 위로와 힘이 되는 것이고, 부모의 미소는 자녀에게 자신감을 주는 것이며, 친구간에 미소는 우정을 더욱 깊이 맺게 해주는 것입니다.

존 와너메이커는 '미소는 길가에 핀 장미꽃'이라고 표현했습니다. 길가에 핀 장미꽃이 은연중 행인의 마음을 기쁘게 해주듯 미소도 그러한 것이라는 뜻입니다.

미소는 배포가 크고 틀이 큰 사람이 줄 수 있는 가장 미묘하고 뚜렷한 표시입니다. 사람이 힘있고 스케일이 크지 않고서는 미소가 필요할 때 미소를 지을 수가 없는 것입니다. 마음이 옹졸하고 항상 다른 사람에게 위축당하여 소극적인 생각만을 갖는 사람은 미소가 자리 잡을 수 있는 공간이 없기 때문입니다.

만일 당신이 인류를 위해 큰 공헌을 한 것이 없고 사회를 위하여 무엇인가 하려 하거든 오늘부터 라도 미소로 사람을 대하면 됩니다. 미소 자체가 인간에 대한 공헌을 하고 있기 때문입니다. 사람들은 공헌이라 하면 엄청난 돈이 들거나 많은 시간이 소비되는 것으로 생각하기 쉽습니다. 그러나 공헌이라 하는 것은 다른 사람에게 의욕과 힘을 북돋워주며 생활을 명랑하고 편리하게 하는 데 있기 때문에 미소야 말로 그 공헌이 되는 것입니다.

TV를 통하여 종종 북한 사람들을 볼 수가 있습니다. 그들은 대부분 근엄하고 미소와는 거리가 먼 표정들을 짓고 있습니다. 따라서 분위기 자체가 경직되어 있고 의욕과 생기가 없어 보입니다.

미소는 잘 사는 나라일수록 그리고 민주주의 나라일수록 많은 것 같습니다. 그리고 한 나라에서도 평화로울 때와 사회가 불안정할 때에 따라서 미소도 달라지는 것 같습니다.

카메라 셔터를 누를 때 우리는 치즈 또는 김치라고 하면서 억지라도 미소를 지어 봅니다. 평소에 미소가 부족하니 사진 속에서라도 웃는 모습을 담아보고 싶은 욕망이 아닌가 생각됩니다. 세수 후 거울을 들여다보며 김치라고 발음하면서 얼굴모양을 보면 자기 자신의 기분이 한결 맑아짐을 느낄 것입니다.

사람을 대할 때, 입술 주변에 세로로 주름이 많이

나 있고 미소를 머금은 사람은 틀림없이 잘 웃는 사람이며, 성격 또한 명랑한 사람인 것입니다. 우리는 보통 그런 사람을 보고 인상이 좋다고 합니다. 그러고 보면 얼굴에 미소가 얼마나 함축되어 있느냐에 따라서 인상이 달라진다는 사실입니다. 복잡한 버스 안에서 구두를 밟혔을 때나 어떤 실수로 인하여 상대방이 미안해 어쩔 줄을 모르고 있을 때 넉넉한 마음으로 미소를 한 번 지어주면 상대방이 얼마나 흐뭇해하는지 모릅니다.

또한 직장 상관에게 또는 선배나 선생님에게 꾸중을 들었을 때도 김치라고 발음을 하면서, '앞으로 주의하겠습니다. 지적해 주셔서 감사합니다'라고 했다면 상대방의 마음이 얼마나 아늑하게 풀어지는지 모릅니다. 이러한 모습은 아무리 많은 돈을 주더라도 살 수 도 없는 것이요, 아무리 힘든 노력을 들여도 얻을 수 있는 것이 아닙니다.

오로지 간단한 '미소'짓는 표정 하나로 해결 지을 수 있으니 이 얼마나 값진 일입니까? 잘 생긴 얼굴에 퉁명스러운 표정보다는 약간 못생겼어도 미소를 머금은 얼굴이 이 사회를 위하여 얼마나 많은 봉사를 하고 있는 것인지 알아야 하겠습니다.

방학을 알차게 보내자

학생 여러분, 3월의 날카로운 찬바람을 맞으며 개학 하여, 새 학년도를 열었던 것이 엊그제 같은데 벌써 1년 중반 학기를 보내고 이제 여름방학을 맞게 되었군요.

그동안 공부하느라고 수고하셨습니다. 특히 1학년 여러분께서는 새로운 분위기 속에서 갖가지 생활에 익숙해지는 보람을 느꼈으리라 믿습니다.

지금 우리는 이 시점에서, 신학기를 시작할 때와는 달리 우리가 지금까지 수행해왔던 갖가지 생활을 바탕으로, 밑바탕을 더욱 다지고 한층 세련된 모습으로 결실을 향하여, 전력을 다해야겠다는 굳은 결심을 마음속에 아로새

겨야 할 때인 것입니다.

학생 여러분께서는 지금 이 중등학교 시절이 여러분의 전 인생에 어떠한 의미를 부여하고 있는지 모르실 것입니다. 그러나 이 중·고등학교 학창시절은 인생의 황금기 중에서도 황금기라 볼 수 있는 기간입니다.

생각해 보십시오. 초등학교 시절은 너무 어려서 일상생활의 모든 사리를 잘 분간하지 못한 사이에 보낸 시절이었고, 대학 시절이 되면 벌써 자기 인생을 자신이 책임져야할 막중한 임무를 띠고 있기에 인생에 중압감을 느껴야할 때인 것입니다.

그러고 보면 중등학생인 여러분들이야말로 집에 가면 부모형제가 돌봐주고, 학교에 오면 선생님들이 모든 것을 돌봐주시니 이 얼마나 행복한 시절입니까?

그러나 이렇게 행복한 시절 속에는 여러분들이 당연히 해야 할 책임과 의무도 함께 있다는 사실을 알아야 하겠습니다.

지금 여러분들은 똑같은 교복을 입고 똑같은 선생님 밑에서 똑같이 공부하고 있는 학생에 불과하지만, 앞으로 20년이 지난 후에는 여러분 한 사람 한 사람은 모두 다양한 인격체가 되어 있을 것입니다. 하는 일도 모두 다를 것이고, 차리고 다니는 옷차림과 사용하는 말씨부터도 다를 것입니다.

그러나 이렇게 다양한 인격체 형성은 그냥 되는 것이 아닙니다. 여러분들이 독특하게 지니고 있는 개성과 소질을 어떻게 갈고 닦고 개발하느냐에 따라서 각양각색으로 변화하게 되는 것입니다.

가을 국화꽃이 저절로 피는 것이 아니고, 초여름에 아름다운 장미가 아무 노력 없이 피어나는 것이 아닙니다. 가을철에 탐스런 국화꽃이 피기 위해서는 봄부터 비바람에 시달려야 되는 것이고, 여름철의 장미 한 송이는 겨울의 폭설과 살을 에는 듯한 추위를 이겨내는 괴로움이 있어야만 그 아름다운 자태를 자랑할 수 있는 것입니다.

여름철에 시원한 나무 그늘 아래에서 명쾌한 노래를 부르는 매미가 있습니다. 겉보기에는 참으로 행복하게 보이지만, 그 노래를 부르기 위해서는 7년이란 긴 세월동안 땅속에서 갖가지 시련을 겪은 결과로써 오늘날 그러한 즐거움을 맞이하게 된 것입니다.

학생 여러분, 여러분의 앞날은 보람된 삶이 계속 되어야 합니다. 그것은 집에 계신 여러분들의 부모님이나 학교의 모슨 선생님들이 다함께 간절히 바라는 희망입니다. 그러나 그 복된 삶이 아무런 노력 없이 오는 것은 절대로 아닙니다.

다시 말해서 많은 시련이 필요한 것입니다. 이 세상에서 노력과 시련 없이 자연 발생적으로 이루어지는 것은 아무 것도 없다는 사실을 먼저 알아야 할 것입니다.

이 사실을 아신다면 여러분들도 여러분들의 장래를 위해서는 시련을 극복하는 방법을 배워야 할 것입니다. 바로 그 시련을 경험하기에 가장 좋은 시기가 바로 방학 때인 것입니다.

방학이란 그 동안 학교에서 열심히 공부했으니 편하게 쉬는 것으로 생각하기 쉽습니다. 그러나 방학을 그렇게 활용한다면 절대로 향상된 삶을 살지 못하고 항상 제 자리에 머무르게 될 것입니다.

다시 말해서 영특한 사람일수록 이 방학을 자기 자신에게 최대한 유용하게 활용할 수 있습니다. 예를 든다면, 그 동안 학교 공부 때문에 읽지 못했던 책을 읽는다거나, 박물관과 유적지 등에 대한 현장 학습을 간다거나 또는 지금까지는 도움만 받았던 부모님을 도와 부모님이 하시는 갖가지 삶의 현장을 체험할 수 있는 기회를 갖는 것도 좋을 것입니다.

또는 컴퓨터, 수영, 붓글씨, 미술, 각종 운동 등 자신의 특기를 성장시킬 수 있는 절호의 기회로 활용하는 것도 참으로 바람직한 일이라 보겠습니다.

또한 꼭 빼놓아서는 안 될 중요한 점은 지금까지 학과 시간에 이해가 잘 되지 않았던 학습내용이나 뒤쳐진 교과를 보충하는 기간으로 이용하면 매우 효과적입니다. 아울러 여러분들의 활동에 권장하고 싶은 것은 방학 동안에 극기를 쌓는 일입니다.

땀을 뻘뻘 흘리며 일도 해보고, 모처럼 가족과 함께 등산과 야영도 하여 고정된 나의 사고방식을 폭넓게 가져보는 것도 참 좋은 것입니다.

그리고 방안 구석구석 청소는 물론 여러분들의 소지품을 정리 정돈하고 못 쓰는 물건은 과감하게 버리고 여러분들의 주변을 말끔하게 단장하는 기회로 활용한다면 마음도 한결 새로워지리라 믿습니다.

학교에 다닐 때는 학생들 모두가 함께 공부하고, 함께 쉬고 했지만, 이 방학동안은 사람마다 이용하는 방법이 모두 다르므로, 방학이 일단 시작되었다가 끝나고 나면 사람의 성숙 정도가 다르게 되는 것입니다.

그러므로 방학을 잘 이용한 사람은 많은 발전을 하는 것이고, 맹목적으로 놀고 지낸 사람은 더욱 뒤떨어진 사람이 될 것입니다.

이렇게 방학은 여러분들의 개인적인 성장발달에 큰 영향을 미치는 변수가 되고 있으므로, 어떻게 하면 이 방학을 가장 뜻 깊게 보낼 수 있을 것인지 깊은 생각을 하시길 바랍니다.

그러나 계획은 멋지게 세워 놓고도 하루만 놀고 시작하지, 이틀만 놀고 시작하지 하면서 계속 미루는 사람은 틀림없이 온 방학을 몽땅 놀게 될 것입니다.

방학이 시작하는 다음날부터 모든 계획을 시작하는 용기 있는 사람만이 방학을 보람 있게 보내게 될 것입니다.

이것은 이 교장 선생님이 오랫동안 교직에 있으면서 많은 학생들을 겪어봄으로써 알게 된 결론입니다.

우리 학교 학생여러분들께서는 닥쳐오는 방학을 부디 여러분 개개인에게 유익하게 보내리라 믿습니다.

질서를 지킵시다

기다리던 시내버스가 옵니다. 사람들이 일시에 출입구를 향하여 우르르 몰려가 서로 먼저 타기 위하여 밀치는 모습을 봅니다. 극장 앞에서 조조 할인권을 나누어주고 있었습니다. 이것을 보고 주변에 있던 사람들이 우르르 몰려들었습니다. 그리고는 서로 엉킨 몸 사이로 팔만 길게 뻗쳐 표를 움켜쥐려고 손들이 허공을 헤맵니다. 신호들이 없는 사거리에서 자동차들이 서로 엉켜 꼼짝 못합니다. 운전자들은 창문을 열고 서로 큰 소리만 치고 있습니다. 누가 가장 목소리가 큰 지 시합이라도 하는 것 같았습니다.

이럴 때 명쾌한 해결사가 필요합니다. 그것이 바로 질서라고 하는 것입니다. 질서만 지켰다면 왜 이런 일이 일어날 수 있겠습니까?

우리 학생들도 마찬가지입니다.

시간이 끝나자마자 우르르 복도 층계를 뛰어 내려오는 모습을 봅니다. 학교 매점 앞에서 물건을 서로 먼저 사기 위해 몸을 밀치며 손만 길게 뻗어 버둥대는 모습도 봅니다. 체육시간이 끝난 다음 먼저 교실에 들어가기 위해 서로 부딪히는 모습은 위험천만하기까지 합니다.

이런 때 필요한 것은 바로 질서입니다. 질서는 우리 생활을 편하게 해줄 뿐 아니라 시간도 절약해주고 안정시켜주며 우리 마음을 아름답게 다듬어줍니다. 약수터에 가본 사람은 누구나 볼 수 있는 질서의식이 있습니다. 물 받을 물통들이 죽 늘어서 아무리 오래 걸려도 자기 차례를 기다리고 있습니다. 수퍼마켓에서 물건들이 열을 지어 잘 정돈되어 있으면 훨씬 좋아 보일 뿐만 아니라 물건 찾기가 한결 쉽습니다. 밤하늘에 질서정연하게 줄지어 가는 기러기들을 보고 지혜 있는 동물이라고 칭송합니다. 어느 집을 방문했을 때 가재도구가 가지런하게 정돈이 잘 되어 있으면 그 집에 사는 사람들 자체가 깔끔하고 품위 있어 보입니다.

이렇게 우리들 마음은 어지럽고 혼돈된 것을 거부하고 차분하고 가지런하며 안정된 것을 추구합니다. 그래서 질서가 없이 흐트러진 모습 속에서 우리의 마음은 뒤틀리고 불안정하며 긴장되어 몸과 마음이 평온치를 못합니다. 이런 사회에서 생활한다면 사람의 인성이 거칠어지고 창조와 발전이 없으며 일시적인 가식만이 난무하여 바람직한 삶을 기대할 수 없는 것입니다.

결국 질서는 한 사회와 국가의 문화 정도를 나타내 주는 척도가 될 만큼 인간사회의 모든 것과 밀접한 관계를 맺고 있습니다. 만약 사람들이 모두 자기 자신만 좋은 대로 또는 급한 대로 행동을 한다면, 우리 사회는 다른 사람보다 민첩하지 못하고 사람은 제 앞길을 가누지 못하는 불안한 사회가 될 것은 뻔한 일입니다. 그리고 항상 다른 사람의 눈치나 살펴야 되며, 사회 곳곳에서는 속고 속이는 암담한 일들만 일어날 것입니다.

그러나 우리 사회가 이 만큼 살기 좋은 사회가 된 것도 질서의식이 바로 선 사람들이 끝까지 지켜온 정의 정신 때문입니다.

시계의 모든 역사를 살펴보아도 질서의식이 뛰어난 민족일수록 선진국 대열에 서 있는 것이고 질서의식이 희박한 민족일수록 후진국 대열에서 헤어나질 못하고 있는 것입니다. 우리나라도 선진국 대열에 확실히 들어서기 위해서는 가장 우선해야 할 일이 바로 이 질서의식인 것입니다.

내가 영어 연수 때문에 영국에서 두 달 가량 생활한 때가 있었습니다. 그때 영국인에게 가장 절실하게 느꼈던 것이 바로 이 질서의식이었습니다. 그 사람들은 줄 문화라고 할 만큼 줄서기가 몸에 배어 있었습니다. 우리는 식당에 들어가면 우선 자기가 편안한 곳을 찾아 먼저 자리에 앉지만, 영국사람들은 햄버거나 피자를 사기 위해 줄부터 서서 일단 물건을 산 다음에 의자에 앉습니다.

쉽게 말해 영국에서는 어디를 거든지 사람이 두 사람만 모이는 곳이라면 자연스럽게 줄이 형성됩니다. 즉, 그 사람들은 무슨 일을 할 때 우리처럼 다른 사람 옆으로 가서 줄을 새로 만드는 것이 아니라 반드시 뒤로 가서 차례를 기다립니다. 자동차문화에 있어서도 차선이 두 개면 두 줄만 형성할 뿐, 우리나라 사람들처럼 두 줄 세 줄을 형성하지 않습니다. 박물관이나 미술관에서 관람할 때도 구경하는 줄이 형성되어 앞사람이 모두 본 다음, 내 차례가 되어서 관람을 하는 것입니다.

그런데 희한한 일은, 이렇게 줄을 섰을 때, 외국사람이 잘 몰라서 질서를 어지럽힐 때도 그 아무도 나무라는 사람이 없다는 것입니다. 단지 물끄러미 쳐다보며 빙그레 미소만 지어 줄 뿐입니다. 그렇게 되면 질서를 어지럽힌 사람이 미안한 감정을 느끼게 되고, 다시는 그런 짓을 않게 되는 것입니다.

결국 무언의 교훈을 주어 감화시키는 것이지요. 그러기에 영국이라는 조그마한 나라가 전 세계의 3분의 1이나 되는 거대한 땅을 식민지로 삼고, 종주국으로서 수세기를 지배하고 있는 것입니다. 여기서 주목을 해야 할 것은 영국의 식민지가 된 모든 나라들이 하나 같이 영국 여왕을 자기들의 여왕인 것처럼 잘 모시면서 영국의 지배에 순종한다는 사실입니다. 그것은 영국인의 절도있는 질서의식에 굴복된 탓이라고 말할 정도입니다.

학생 여러분, 우리 사회에서도 양식 있는 사람인지 아닌 지의 차이를 가장 쉽게 나타내주는 것이 있다면, 그것이 바로 질서 의식인 것입니다. 다시 말해서 사람이 아무리 많이 배웠어도 질서의식이 없다면, 무식한 사람 취급을 받을 수도 있다는 말입니다.

학생 여러분들은 지금 성숙하는 과정으로써 이 질서의식만큼은 꼭 몸에 배게 해야 할 필수품입니다. 언제, 어디서나, 순서대로 차례차례 일을 행하는 사람만이 인격자로서 대우를 받을 수 있다는 사실을 알아두어야 하겠습니다.

백짓장도 맞들면 낫다

협동이란 힘을 합하여 동일한 목표를 달성하기 위하여 일하는 것을 말합니다. 이러한 협동정신은, 하나의 훌륭한 사회를 건설하는데 가장 기초가 되는 것이며, 협동심은 단순한 구호나 강조만으로는 발휘될 수 없는 것입니다.

모든 사람들이 공동 목표의식을 가지고 서로 아끼고 도우면서 힘을 모을 때 자연스럽게 이룩되는 것입니다.

우리들은 학교생활을 해나가는 가운데 협동심을 발

휘해야만 될 공동 작업이나 게임 등에 많이 부딪치게 됩니다.

이런 공동 작업이나 게임에 실제로 참여해보면, '백짓장도 맞들면 낫다'라는 교훈을 실감하게 됩니다.

이 말은 작은 힘도 합치면 큰 힘이 된다는 교훈적인 이야기로써, 중국 운남 지방에 '한 치 호수'라는 큰 호수에 얽힌 이야기 하나를 들려드리겠습니다.

이 호수가 생기기 전에는 이 지방에서 농사짓는 물은 말할 것도 없고, 마시는 물까지 걱정을 해야 했습니다.

그런데 어느 날이었습니다. 한 스님이 불교를 전파하기 위하여 이 곳에 왔습니다. 그런데 이 스님은 주민들에게 불교를 전파하기보다는 이곳 주민들이 가장 원하는 것이 무엇인지를 알려고 노력했습니다.

결국 그 스님은 주민들이 가장 시급하게 원하는 문제가 바로 물이라는 사실을 알게 되었습니다.

그래서 스님은 주민들과 힘을 합해 연못을 파기로 작정을 했습니다. 그리고 물이 있을만한 적당한 자리를 탐색하고 연못을 만들려고 했습니다. 그러나 안타깝게도 땅을 파낼 사람이 없었습니다. 스님은 곰곰이 연못을 파낼 방법을 생각했습니다.

마침내 스님은 그 곳을 지나가는 사람들마다 땅 한 치씩만 파주고 가도록 간청하기로 마음먹었습니다.

결국 이 방법은 시행되었고, 그 곳을 지나는 사람들도 땅을 한 치만 판다는 것쯤이야 어린이라도 할 수 있는 일이었음을 아무런 저항 없이 땅을 파주고 갔습니다.

이렇게 하기를 20년, 드디어 20㎢나 되는 큰 호수가 만들어지게 되었습니다. 그래서 이 호수를 '한치 호수'라 부르게 되었답니다.

학생 여러분, 우리는 공동생활을 떠나 살 수가 없습니다. 그런데 우리는 '나 하나쯤이야'하는 그릇되고 무관심한 태도를 보일 때가 종종 있습니다.

이러한 생각은 모든 사람의 힘을 합쳐 사회 발전을 이룩하는 일에 큰 장애가 된다는 것은 두말할 필요가 없습니다.

그러나 '나 하나만이라도'하는 적극적인 생각으로 마음을 바꾸어 협동하는 태도를 갖는다면, 그것은 햇살보다 밝고 아름다우며 환한 미래 사회를 약속해 줄 것이 분명합니다.

이것이 바로 다함께 더불어 사는 민주시민이 되는 지름길인 것입니다.

예를 들어 청소시간에 분담한대로 자기 몫을 책임지고 알뜰하게 청소한다면 시간도 적게 걸릴 뿐 아니라, 기분도 명쾌하고 친구들과의 우대관계도 원만하게 이룩될 수 있을 것입니다. 그렇지만, 자기 몫을 다하지 못하여 다른 친구들이 그 짐을 대신 떠맡게 된다면 아무리 좋은 우정이라도 금이 갈 수밖에 없는 것입니다.

그러나 이렇게 될 때는 더욱 불행한 일이 발생할 수 있습니다. 그것은 여러분이 언젠가는 다른 사람의 도움이 필요로 할 때도 떳떳하게 도움을 청할 수가 없다는 사실입니다.

이 사회는 서로 얽히고설켜 서로 도우며 살아가는 사회입니다. 내가 농사를 짓지 않더라도 곡식과 채소를 먹을 수 있고, 공장을 갖고 있지 않아도 편리한 물품들을 내 것으로 만들 수 있습니다.

그리고 내가 건설하지 않아도 아늑한 내 집을 가질 수도 있습니다. 이것은 사회라는 커다란 공동체 밑에서, 우리 모든 사람이 협동하여 살기 때문에 가능한 것입니다.

그래서 우리 선조들은 자라나는 사람들에게 협동의 중요성을 알리기 위해, '백짓장도 맞들면 낫다'라는 속담을 만들어 우리에게 전해주고 있는 것입니다.

이제까지 혼자서만 열심히 하던 학생들께서는 친구들과 서로 돕고 정을 나누며 협동정신을 발휘하여 보다 더 훌륭한 자신의 길을 열어 갈 수 있도록 노력하시기 바랍니다.

부모님께 효도하자

옛 중국은 지금처럼 한 나라로 되어 있는 것이 아니라 조그마한 나라들 여러 개로 나뉘어져 있었습니다. 그래서 자기들 스스로도 다른 나라의 이름을 잘 알지 못했습니다. 더구나 우리나라를 조선이라고 하면 전혀 알지도 못했습니다. 그러나 동방예의지국이라고 하면 모두 알 정도로, 예의를 잘 지키는 나라로 소문이 나 있었습니다.

그중에서도 효도는 백 가지 일 중에 가장 근본이라 하여 몹시 존중해왔습니다. 그리고 효를 다하지 못하는 사람은 사람으로 취급을 하지 않을 정도로 효를 중시했습니다.

그러면 우리 선조들이 그렇게도 중시한 효에 관하여 일화 한 가지를 말씀드리겠습니다.

옛날 어떤 시골에 나이가 많이 든 총각이 있었습니다. 그는 홀로 되신 아버지를 극진히 모시느라 장가를 가지 못하고 있었습니다. 그런데 어느 날이었습니다. 연세가 많으시고 잘 먹지도 못하시던 아버지는 결국 몸이 쇠약해져 앓아눕기에 이르렀습니다.

총각은 백방으로 뛰어다니며 아버지의 약 수발을 들었습니다. 그러나 소용이 없었습니다. 더구나 아버지께서는 음식 맛에 대한 투정도 심해지셨습니다.

그러나 아들인 총각은 그 불평을 다 들으면서도 한 번도 짜증을 낸 적이 없었습니다.

그러던 중 어언 한 겨울을 맞이했습니다. 그런데 입맛이 없던 아버지께서는 뜻밖의 말씀을 하셨습니다.

즉, 눈이 수북이 쌓인 깊은 겨울인데도 죽순 나물을 먹으면 자기 병이 나을 것 같다고 하셨습니다(죽순이란 대나무가 되기 위한 어린순을 말합니다).

아버지의 말을 들은 아들은 소리 없이 일어나 마을 어귀에 있는 대밭으로 갔습니다.

대나무 밭은 날카로운 겨울바람만 냉정하게 지나갈 뿐,

잠시만 서 있어도 꽁꽁 얼 정도로 추웠습니다. 그러니 죽순이 있을 리가 없었습니다.

효성스러운 총각은 허공만 멀거니 바라볼 뿐 다른 도리가 없었습니다. 그런 다음 대나무 밭에 그대로 쓰러져버렸습니다.

그리고 아버지께서 원하시는 음식을 해드리지 못하는 불효에 대한 북받치는 설움 때문에 펑펑 울고 있었습니다. 얼마나 울었는지 한참을 울고 일어서려고 할 때였습니다.

총각은 깜짝 놀랐습니다. 아니 이게 웬 일입니까? 총각 앞에는 가공할 일이 벌어져 있었습니다.

총각 주변에 수북이 쌓여 있는 눈은 온 데 간 데 없고 봄기운이라도 도는 것처럼 훈훈한 기운이 돌면서 죽순이 뾰족뾰족 나와 있었습니다.

총각의 효심에 하늘이 감동하여 죽순을 주신 것입니다. 이걸 본 총각은 한 동안 어안이 벙벙했습니다.

그러나 총각은 더 이상 생각할 겨를이 없었습니다. 닥치는 대로 죽순을 쑥쑥 뽑은 다음 집으로 달려갔습니다.

그리고 그것으로 나물 반찬을 만들어 아버지께 바쳤습니다.

아버지께서는 죽순나물이 너무도 드시고 싶었던지라, 어디서 구했느냐고 묻지도 않으시고 맛있게 드셨습니다.

그런 일이 있음 다음, 아버지의 병환을 거짓말처럼 나으시고 건강을 되찾게 되었습니다.

이 일은 동네는 물론 이웃에까지 퍼져나가 효자 총각이라고 소문까지 나게 되었습니다.

학생 여러분, 이 이야기는 하나의 일화에 불과하지만, 우리 주변이나 선배들에게는 이 보다 더 진한 효성에 대한 실화가 많습니다.

옛날이나 지금이나 부모님께서는 어느 부모님과 똑같이 자식 걱정을 하지 않는 부모가 없습니다. 여러분들이 잘되기만을 빌며 그 고운 청춘을 썩히는 것입니다.

여러분들을 위해서라면 깊은 잠을 잘 수도 없고, 여러분들을 위해서라면 잘 입고 싶어도 잘 입을 수도 없으며, 먹고 싶은 것을 마음대로 먹을 수도 없습니다.

지금 이 시간에도 부모님의 머리 속은 여러분만을 생각하시느라고 다른 생각이 들어갈 여유가 없습니다.

그러나 여러분들이 조금만 잘 해 드린다면 부모님은 이 세상을 얻은 듯 큰 행복을 느낄 수 있는 것입니다.

반면에 여러분들이 약간의 말썽을 피울 때면 부모님의 심정은 더 없이 비참해 지고 크나큰 불행을 느낄 수 있는 것입니다.

학생 여러분, 여러분들이 부모님께 효도를 한다는 것은

지극히 어렵고 복잡한 데 있는 것이 아닙니다. 그것은 여러분 가까이 가장 쉬운 곳에 있습니다.

다시 말하여, 여러분들이 해야 할 일을 착실하게 행하기만 하면 바로 그것이 효도가 되는 것입니다.

더욱 좋은 것은 부모님께서 여러분을 위하여 헌신하시는 마음을 조금이라도 알아주는 것입니다.

그럴 때면 부모님 마음속엔 신바람의 회오리가 솟는 것입니다.

"엄마, 아빠 저희들 때문에 얼마나 힘드세요. 제가 훌륭하게 자라 은혜에 보답할게요." 하는 한마디 말은 부모님께 수백만원짜리 보약보다 더 건정한 힘을 솟아나게 해드리는 것입니다.

학생 여러분, 오늘부터 부모님께 효도하십시오. 효도는 여러분들의 의무요, 책임인 것입니다. 그리고 자식된 도리로서 당연히 해야 할 일이며, 가장 기본이 되는 예절이고, 인간으로서 가장 중요시해야 할 삶의 원천입니다.

효도를 하는 사람이 국가에 충성도 할 수 있고, 사회에 이바지도 하는 것이며, 자기의 일을 충실히 이행하여 성공을 거둘 수도 있는 것입니다. 이렇게 효도는 인간을 만드는 가장 기본적인 틀인 것입니다.

아름답게 삽시다

독일의 시인이며 극작가였던 그 유명한 괴테가 말했습니다.

“소년의 아름다움은 있는 그대로가 아름답지만, 청년의 아름다움은 미래에 대한 가능성이 있기 때문에 아름답다”라고 했습니다.

그렇습니다. 학생 여러분은 정말 아름답습니다. 여러분은 건강하고 싱싱하며 용기와 패기가 넘치고 가능성의 존재가 무궁무진하게 넘쳐 있기 때문에 더욱 아름답습니다. 이 아름다움은 기성세대나 패배자에게서는 전혀 찾아볼 수 없는 그런 것이기 때문에 매우 값진 것입니다.

우리 인생 무대는 단 한 번 밖에 없는 1회전 게임 속에서 펼쳐지고 있는 것입니다. 이 게임에서 바로 승자가 결정되는 것입니다. 그리고 이 게임은 너무도 냉철한 게임이라서 승리 아니면 패배라는 단어만 있을 뿐입니다.

즉, 2등이라는 것이 없는 것입니다. 또한 다른 경기는 다시 재기할 수 있는 기회라도 있겠지만 인생게임은 패자 부활전이 없습니다. 패자는 영원한 패자일 뿐입니다. 그렇기 때문에 단 하나의 생명, 바로 이 생명이 고귀한 존재일 수밖에 없습니다. 되는 데로 굴리고 아무렇게나 내 팽개칠 만큼 천박한 것이 절대로 아닙니다.

프랑스의 철학자인 파스칼은 말했습니다. '인간은 가장 약한 갈대'에 지나지 않는다. 그러나 '생각하는 갈대'라고 했습니다. 이것은 조그마한 바람만 불어도 흔들리는 나약한 존재인 인간이지만 생각하는 갈대이므로 창조와 개척으로 이 세상 무엇보다도 큰 위력을 가지고 있다는 뜻이 되겠습니다.

그 만큼 인간이 지닐 수 있는 정신력과 사고력은 바

로 우리 인간이 가질 수 있는 가장 강력한 무기인 것이며, 우리를 인간답게 만들어 가는데 필요한 원초적인 힘인 것입니다.

우리가 사용하고 있는 팔의 뼈는 그대로 놓고 100kg만 올려놓으면 부러지고 맙니다. 그러나 여기에 정신력을 집중시킨다면 무려 1,000kg까지 지탱하고도 남음이 있습니다. 그렇기 때문에 차력을 하는 사람들이 트럭이나 기차를 끌 수 있는 힘을 생성할 수 있는 것입니다.

발명왕이었던 에디슨에게 사람들은 물었습니다.

"당신은 어떻게 하여 그렇게 많은 것들을 발명할 수 있었느냐?"

그때 에디슨은 아무 거리낌 없이 대답했습니다.

'99%의 땀과 1%의 영감'이라고…. 이렇게 인간의 정신력과 생각 즉 사고력이라고 하는 것은 참으로 가공할 만한 위력을 가지고 있다는 뜻입니다.

그렇고 보면 이 세상의 모든 만물도 우리의 생각에 의해서 존재하는 것입니다. 우리가 어떻게 생각하느냐에 따라 그 양상은 천태만상으로 변할 수 있기 때문입니다.

그러므로 아름다움 자체도 우리의 생각 속에서 벗

어날 수가 없는 것입니다. 제 아무리 아름답게 꾸민 사회일지라도 사람들의 생각이 바르고 아름답지 못한다면 절대로 그 빛을 발휘할 수가 없는 것입니다. 생각이 곱고 바를 때 훈훈한 인심도 생성되는 것이요, 지혜와 슬기가 깃들어 건전한 생활로 이어질 수가 있는 것입니다.

더욱 더한 것은 아름다운 생각을 가진 사람만이 진정으로 아름다운 것을 찾아볼 수 있는 것입니다. 생각이 곱지 못하고 다른 사람의 좋지 못한 점만 들춰내는 데에만 단련된 사람은 절대로 아름다운 것을 볼 수 없는 것이며, 그 사람의 마음은 항상 아름다움과는 거리를 두고 있기 때문에 아름다운 삶을 살고 있다고 볼 수가 없습니다.

누구나 자기 인생을 살아가면서 추하고 복잡한 삶을 살아가고 싶은 생각은 없을 것입니다. 이왕이면 보다 멋지고 의미 있게, 그리고 보다 값지고 알차게, 더 나아가서는 보다 아름답게 살아가기를 희망하는 것입니다. 그런데도 현재 걸어가고 있는 길은 일부러 어둡고 추한 모습만을 골라 행하는 사람처럼 행동하고 있다면 어리석다고 아니할 수 없는 것입니다.

모든 일에서 다른 사람의 좋은 점을 보고 자기 자신

도 좋은 방향으로 함께 동화되어 가는 삶을 산다면 자신을 위해서도 얼마나 보람 있는 일이 되겠습니까. 그러나 다른 사람의 잘못된 점만 눈독을 들여가며 살피고 있는 사람은 그 사람의 마음속에도 역시 쓰레기와 같은 잡동사니만 쌓여갈 것이기 때문에 참으로 불행스러운 일이 아닐 수 없습니다.

또한 일상적으로 주고받는 대화 속에서도 이왕이면 좋은 표현을 써서 상대방을 기쁘게 할 수 있다면 이 얼마나 아름다운 일이 되겠습니까?

그렇지 않고 기분 나쁜 표현으로 다른 사람의 마음에 상처만을 주는 사람은 타인을 위한 배려는 고사하고, 자기 자신의 삶 자체도 매우 각박하게 살아가는 결과를 초래하고 있는 것입니다.

학생 여러분, 여러분은 참으로 아름답습니다. 그러므로 삶 자체도 아름답게 살아가야 합니다. 여러분은 나무에 비하면 오뉴월 뾰족하게 올라오는 새순과도 같습니다. 연 녹색의 꾸밈없이 청조하고 싱싱한 나무들이야말로 얼마나 아름답습니까?

그 속엔 아무런 거짓과 꾸밈이 있을 수 없습니다.

아직 공해에 더럽혀지지도 않았고 더구나 누렇게 낙엽이 질 리도 없습니다. 단순히 새롭게 피어나 아름다움만을 간직할 뿐입니다. 그런데 시들시들 병든 잎을 지니고 있다가 피어보지도 못하고 누런 단풍잎을 달고 있다면 얼마나 추한 일이 되겠습니까?

아무리 말 못하는 나무일지라도 이보다 더 불행스러운 일은 있을 수 없습니다. 여러분도 얼마든지 이러한 나무에 비유될 수가 있습니다.

여러분들에게는 지금 이 시기야말로 가장 행복하고 가장 보람 있고 가장 꿈이 많은 시절로써, 좋은 것만 생각하고 좋은 일을 위해서라면 무엇이든지 용기 있게 행하여 여러분들의 하루를 아름답게 빛내야 할 때입니다.

아무리 긴 인생도 하루 생활이 쌓여져 이루어진 것이기 때문에 하루의 보람이 결국 전 인생의 보람이 되는 것입니다. 그렇기 때문에 학생 여러분은 오늘 하루를 아름답게 살려고 노력해야 되는 것입니다.

시련을 극복하자

프랑스의 사상가이며 작가로 유명한 몽테뉴는 ≪사색의 광장≫이라는 저서에서 말했습니다.

"인생은 평화와 행복으로 시종할 수 없으며 괴로움이 필요하다. 괴로움을 두려워하지 말고 슬퍼하지도 말라. 인생의 희망은 늘 괴로운 언덕길 너머에서 기다리고 있다."

학생 여러분, 사람이란 누구든지 다른 사람이 알 수 없는 고통과 시련이 한두 가지씩 있는 법입니다. 그리고 그 고통 때문에 잠도 제대로 못 자고 괴로워할 때가 있는 것입니다. 신체적인 고민이나, 장래문제 때문에 또는 교우관계, 교과 성적 때문에, 혹은 가정의 어떤 피치 못할 문제 때문에 슬픔에 젖어 있으면서도 다른 사람에겐 말도 하지 못하고 혼자만 괴로워할 수밖에 없는 때가 있으리라 봅니다.

이럴 때는 우리 세대보다 먼저 살면서 위인으로 받들어지는 사람들의 생애를 살펴봄으로써, 많은 위안을 받을 수 있습니다.

세계적인 악성인 베토벤은 젊었을 때 귓병이 시작되어 병의 악화로 귀머거리가 되었고 생애를 좌절 속에 살면서 유서를 써놓고 몇 번이나 자살을 기도 했었습니다. 그러나 차라리 죽는 것보다는 이렇게 죽을 각오로 무엇을 한다면 못할 것이 없다는 생각이 들어 음악에 열중한 나머지 <월광곡>을 비롯한 주옥같은 음악을 창조하여 세계적으로 그 이름이 영원히 남게 되었습니다.

그 뿐 아니라 미국의 루스벨트는 소아마비였던 몸으로 모든 역경을 이겨가며 두 번 씩이나 대통령에 올랐습니다. 그런가 하면 영국의 유명한 시인이었던 바이런은 절름발이의 불구를 극복하고 주옥같은 시를 남겼고, 여러분이 잘 아는 헬렌 켈러는 앞을 보지도 못하고 듣지도 못하며, 말도 하지 못하는 몸으로 오각이 뚜렷한 사람보다도 더 많은 느낌들을 세상에 남겼습니다.

이 뿐만 아니라 우리 주변에서도 그런 역경을 딛고 훌륭한 일들을 이룩한 사람이 한두 사람이 아닙니다.

제가 몇 년 전에 서울의 명문대학의 하나인 숭실대학교의 졸업식장에 참석한 일이 있었습니다. 졸업장 수여가 끝나고 시상 순서가 되었습니다. 맨 먼저 전체 수석을 차지한 학생에게 수여하는 대통령상 수상자의 이름이 호명되었을 때, 그 상을 받으러 나오는 학생을 보고 모든 참석자는 깜짝 놀라지 않을 수가 없었습니다.

가운데 줄에서 한 손은 하얀 지팡이를 잡고 다른 쪽 손은 어머니의 손목을 잡고 나오는 학생은 다름 아닌 장님 학생이었기 때문이었습니다. 이 모습을 보고 모든 사람들은 하나 같이 일어나 기립 박수를 보냈으며, 심지어 눈물을 닦는 사람도 여기저기서 볼 수 있었습니다. 나도 눈시울이 뜨거워짐을 느끼면서 깊이 생각에 젖었습니다.

밝은 두 눈을 가지고도 수석은 고사하고 졸업하기도 힘든 마당에 그 많은 책들을 눈으로 읽어보지도 못하면서 감각만으로 공부를 하여 수석까지 하기에는 이 학생이 얼마나 뼈를 깎는 아픔을 견뎌야 했겠는가?

참으로 장하다고 아니 할 수 없는 것입니다. 그런데 이러한 실례들은 우리 주변에서 얼마든지 찾아 볼 수 있는 것이며, 성공이란 것은 누군가가 통째로 만들어 다 주는 작품이 아니라, 철저하게 자신이 만들어 가는 창작품이라는 사실을 느끼도록 해 주는 좋은 본보기인 것입니다.

그렇기 때문에 그 작품은 결코 그리 쉽게 만들 수 있는 것도 아니요, 또한 일단 만들어진 작품은 자기 마음에 맞지 않는다고 하여 쉽게 고칠 수 있는 것도 아닙니다.

그러나 그것은 우리가 도저히 이를 수 없는 저 먼 곳에 있는 것도 아닙니다. 언제나 성공의 길은 우리와 가장 가까운 곳에 있습니다. 단지 어떤 사람이거나 꾸준한 노력과 불굴의 용기만 있으면 닿을 수 있는 바로 그 곳에 있는 것입니다.

학생 여러분, 특히 여러분은 잠재적 가능성이 무궁무진한 시기로써 어떤 방면이거나 여러분의 노력 여하에 따라 여러분의 인생의 좌표는 크게 달라질 수가 있습니다.

지금부터 세우는 여러분의 인생 설계는 매우 빠른 것이며, 얼마든지 실천할 수 있는 참다운 설계인 것입니다. 그러한 의미에서 부디 오늘을 헛되이 보내지 않기를 바랍니다.

충고할 줄 아는 우정

옳지 못한 행동을 지적하고 바른 길로 권유하는 말을 충고라고 합니다.

공자께서 하신 말씀 중에 이런 말이 있습니다.

"좋은 약은 입에 쓰지만 몸에는 이롭고, 충고하는 말은 귀에 거슬리지만 행실에 도움을 준다."

옛날에 두 사람의 사이좋은 친구가 있었습니다.

한 친구는 부유한 가정에서 걱정 없이 자라나고 있었습니다. 그 때문에 항상 주머니에 돈이 떨어지지 않았습니다. 그리고 돈을 물 쓰듯 펑펑 잘 쓰는 것을 자랑으로 여겼습니다. 그러나 다른 한 친구는 가정이 몹시 가난하였습니다. 학교래야 겨우 다니는 형편이었으며, 시간 나는 대로 집안일을 도와 드리면서 공부를 해야 했습니다.

그러던 어느 날이었습니다.

가난한 친구가 돈 잘 쓰는 친구에게 충고 한 마디를 던졌습니다.

"돈이 많다고 낭비하는 것은 옳지 못한 일이며, 더구나 자랑하는 것은 교만한 일일세."

그런데 부잣집에 사는 친구는 이 말을 듣지 않았을 뿐 아니라, 말 트집을 잡아 싸움을 걸어 왔습니다. 결국 이 충고가 원인이 되어 두 사람은 싸우게 되었고, 결국 우정은 깨지고 말았습니다.

그 후에 세월이 흘러갔고 이 사람들도 성장해서 어른이 되었습니다.

그러나 어른이 되었을 때의 상황은 반대가 되었습니다. 부유했던 친구는 돈을 잘 쓰는 버릇대로 돈을 쓰다가 알거지가 되었고, 가난한 친구는 절약저축을 생활신조로 삼고, 성공을 위해서라면 온갖 힘을 다 바치는 생활태도의 덕으로 작은 회사를 경영하게 되었습니다. 그리고 그 회사를 위해 몸과 마음을 다 바쳤습니다. 회사에서 나오는 모든 돈을 재투자에 사용되었고, 그 회사에 근무하는 모든 사람들을 자기 형제처럼 아끼고 사랑했습니다. 그래서 회사의 규모는 점점 커지고 사원도 더 필요하게 되었습니다.

그런데 공교로운 일이 하나 벌어졌습니다. 부유한 가정에서 자랐던 친구는 가졌던 재산을 모두 탕진하고 취직을 하기 위해 이곳저곳에 이력서를 내고 있었습니다.

그러던 중 이 회사, 즉 옛날에 가난했던 친구가 경영하는 회사에도 이력서를 넣었습니다. 그러나 부자였던 친구는 가난했던 옛 친구가 현재 이 회사의 사장으로 있는 줄은 까맣게 모르고 있는 상태였습니다.

드디어 입사 시험 날이 돌아왔습니다. 그런데 이 회사는 맨 처음 입시 시험 때부터 면접만큼은 회사를 설립한 사장이 직접 맡고 있었습니다. 그러니 회사의 사장이 된 친구와 옛날 부유했던 친구가 면접장에서 마주앉을 것은 당연한 일이었습니다.

여러분, 여러분 같으면 이 때의 심정이 어떠하겠습니까?

참으로 기묘한 인연이 된 것 같습니다. 드디어 안내자의 안내를 받으며 위풍당당하게 사장님이 나오셨습니다. 결국 두 친구가 면접장에서 마주 앉아야 할 때가 온 것입니다. 부유했던 친구는 사장이란 사람을 바라보자마자 입이 딱 벌어졌습니다. 그리고 신음소리만 계속 낼 뿐, 허연 얼굴엔 핏기가 돌지 않고 있었습니다. 사장이 된 친구도 놀라기는 마찬가지였습니다. 한 동안 멀거니 바라만 보던 사장이 갑자기 자리에서 박차고 일어나 친구에게로 뛰어가 손목을 꼭 잡았습니다.

한동안 침묵만이 감돌았습니다. 그리고 입만 벌리고 멀거니 바라보던 두 사람의 눈이 벌겋게 달아오르기 시작했습니다. 그리고 소리 없이 눈에 이슬이 맺혀 흐르고 있었습니다. 그러면서도 두 사람은 한동안 말을 하지 못했습니다. 그러다가 두 사람 중에 사장이 입이 먼저 열렸습니다.

"이 사람아, 너무 오랜만일세. 이게 어떻게 된 일인가? 어쨌든 잘 왔네."

그러나 부유했던 친구는 아직 말문을 열지 못했습니다.

그날 이후, 어렸을 때 부러움 없이 부유하게만 지냈던 친구는 그 회사의 말단 사원으로 일하게 되었습니다. 그렇게도 잘 살 수 있었던 재산을 한꺼번에 탕진하고 가난뱅이가 된 것입니다. 더구나 돈만 믿고 공부를 소홀하게 했기 때문에 아는 것도 없어서 단순한 노동밖에는 할 수가 없었습니다. 이제야 옛날 친구의 충고를 기분 나쁘게만 생각했던 과거를 후회하며 신세를 한탄했지만, 이미 때가 늦어진 것입니다.

세상을 살다보면 아이한테서도 배울 것이 많이 있습니다. 그런데도 사람들은 자신의 잘못을 충고해주는 말 한마디를 듣기 싫어하는 경우가 많습니다. 그러다 보니 충고하고 싶은 말이 있어도 귀에 거슬리게 하지 않으려고 올바른 말을 하지 않게 됩니다. 그래서 상대방이 하는 일이면 뭐든지 다 좋다고 아첨하는 말만 하거나, 듣기 좋은 말만 하는 친구는 참된 친구가 아님을 알아야 합니다. 옳지 못한 것을 보면 따끔하게 지적할 줄 아는 참된 친구가 되도록 노력해야 되겠습니다. 그리고 그 충고를 고맙게 받아들여야 되겠습니다.

태도는 재능보다 귀하다

'태도는 재능보다 중요하다'라는 말이 있습니다.

이 말은 사람에게 얼마나 재능이 있느냐 없느냐 하는 것이 중요한 것이 아니라, 자기가 타고난 재능을 가지고 어떤 태도로 살아가며 행동하느냐가 더 중요하다는 말이 되겠습니다.

우선 사람을 대할 때에도 재능이 없다는 것은 흉이 될 수 없겠지만, 태도가 불손하다거나 태도가 좋지 않을 때에는 뒷말을 남길 수가 있습니다. 이에 관한 일화를 한 가지 들려드리겠습니다.

절친한 친구사이인 두 사람이 있었습니다. 이 들은 공교롭게도 똑같이 일류 대학을 나온 다음, 국내에서 일류를 달리는 회사에 입사 시험을 치러 합격했고 같은 날 입사를 했습니다.

그런데 생김새만큼은 아주 달라서, 한 사람은 키도 크고 잘 생긴 반면, 한 사람은 키도 작고 그리 잘 생기지도 않았습니다. 더구나 키가 크고 잘생긴 사람은, 키가 작은 사람보다 재능도 풍부하고 학교 성적도 더 좋아서 최상위로 졸업하게 되었습니다. 반면에 키가 작은 사람은 재능도 별로 없을 뿐 아니라, 학교 성적도 그렇게 훌륭하지는 못했습니다.

그러나 사회생활을 살아가는 태도 면에서는 두 사람이 아주 대조를 이루고 있었습니다. 그것은 성격에서 나오는 단순한 것들이었습니다. 즉 키가 크고 재능도 많으며 성적이 좋은 사람은 대인 관계에서 거만하다는 평을 많이 받고 있었으며, 웬만한 사람과는 교감을 맺지 못하고 살아가고 있었습니다. 그러나 키가 작고 재능도 별로 없는 사람은 모든 사람에게 공손할 뿐 아니라, 어떤 사람이든 간에 일단 사귀기만 하면 차별 없이 마음을 털어 놓고 허심탄회하게 교감을 두껍게 쌓아가면서 살아가고 있었습니다.

그런데 이상한 일이 일어나기 시작한 것은 입사를 한 지 3년이 지난 후부터 였습니다. 키가 작은 사람은 주변으로부터 인정을 받아 이미 주임으로 승진했을 뿐 아니라, 그로부터 얼마 되지 않아 대리로 진급을 하게 되었습니다. 그러나 재능도 많고 키가 크고 잘 생긴 사람은 아직도 평사원으로 머물러 있었습니다. 그런데 직위가 차이가 나게 되니 평사원 때는 동기동창으로 그렇게 친했던 사이가 점점 격이 생기게 되었고, 또 그들이 상대하는 사람들의 부류도 전혀 다르게 전개되고 있었으며, 사람의 외관에서 풍기는 인상 자체에서도 묘한 차이를 나타내고 있었습니다.

키가 작은 사람이 어울리는 사람들은 주로 간부급들이었고, 대화 내용도 상당히 고차원적이었으며, 회사의 어려운 문제에 대한 생각 자체도 회사의 사장이 가질 수 있는 그런 태도를 보이고 있었습니다. 그런가하면, 그 사람의 표정 자체에서도 밝은 미소에 초롱초롱 빛나는 눈빛으로 의욕에 찬 모습을 지니고 있었습니다.

그러나 키가 큰 사람은 자기에게 주어진 업무 이외에는 회사 차원의 깊은 생각은 할 수도 없었으며, 주변에 어울리는 사람도 거의 없었고, 어울린다 해도 평사원 중에서도 소외된 몇 사람에 불과했습니다. 그러니 모든 일에 자신감이 부족하고 소극적이었으며, 발전적이고 긍정적인 사고를 할 수가 없었습니다. 퇴근 후에는 한숨을 푹푹 쉬며 술집에서 취해 나오는 때가 많았습니다. 그런가 하면 가정에 충실한 것도 아니고, 모습 자체도 점점 초라해져 가고 있었습니다. 가슴은 구부정하게 굽어 있었고, 다리에는 힘이 없었으며, 눈빛은 항상 아래로 깔려있고, 어깨가 축 늘어져 있었습니다. 아무리 보아도 학창시절에 상위 그룹에서 그렇게도 당당하고 자만스럽던 모습은 결코 찾아볼 수가 없었습니다.

이런 모습을 볼 때, 사람은 절대로 과거가 중요한 것이 아닙니다. 더구나 부모님 밑에서 자라나는 청소년 시절이 언제까지나 계속되는 것은 아닙니다. 어느 일정한 시기가 지나가면 자신이 자기 인생을 개척해야 하는 것입니다.

즉, 모든 동식물이 독립된 개체로서 그렇게 하듯, 사람도 항상 자신의 일상생활의 삶 자체 속에서 자신을 창조해 나가는 것입니다. 그리고 그 짜여진 생활 속에서 또 하나의 틀을 형성하여 제2의 인생을 생산하는 것입니다. 이러한 인생길에 관한 룰은 이 두 사람에게도 여지없이 작용할 뿐, 예외일 수가 없는 것입니다.

이 두 사람의 모습이 바로 여러분의 25년 후의 모습이 될 수가 있는 것입니다. 그렇다고 보면 내 주변 사람들과의 인간관계가 얼마나 중요한 것인지 느꼈으리라 믿습니다.

재능을 잘 타고 났다고 해서 불손한 태도로 살아가는 것보다는 비록 훌륭한 재능을 타고나진 못했더라도 올바른 생활 태도로 주변 사람들과 더불어 살아가는 것이 인생의 성공 면에서 훨씬 앞설 수 있다는 교훈으로 살아가시기 바랍니다.

튼튼한 정신의 줄기를 갖자

무릇 집에는 주인이 있어야 합니다. 주인이 지키지 않는 집은 쇠락하기 쉽고 주인이 있다 하더라도 제대로 돌보며 손질하지 않으면 역시 집 구실을 하기가 어렵습니다.

맹자의 이런 말이 있습니다.

"사람들은 닭이나 강아지를 잃어버리고서는 찾을 줄 모르니 슬프다."

이 말은 인격을 가다듬는 학문의 길에서만이 아니라, 오늘날 의식의 뿌리가 없이 쾌락만을 찾으며 되는대로 살아가는 세대들에게 많은 깨우침을 주는 교훈이라 생각하고 싶습니다.

학생 여러분! 여러분 마음속에는 과연 누가 들어있으며, 여러분 자신을 통제하고 있는 것은 누구라고 생각합니까?

다시 말하여, 여러분 마음의 진정한 주인은 누구라고 생각합니까? 여러분은 여러분 마음을 자신이 통제할 수 있는 진정한 주인이라고 생각하고 있습니까?

만약 그렇지 않다거나, 그에 대한 분명한 대답을 할 수 없다면, 여러분은 여러분 자신이 마음의 집을 지키지 못하고 방황하고 있다는 사실을 알아야 하겠습니다.

그러므로 이럴 때 '잃어버린 가축은 찾으려 하면서도 상실된 자기 자신의 마음은 찾으려 하지 않는다'라는 맹자님의 교훈을 깊이 생각해봐야 할 때라고 생각합니다.

흔히 인터넷 세대라고 표현되는 요즘 세대들에게 결핍된 것 중 하나를 들라고 한다면 바로 이 '주인의식'이 없는 데서 빚어지는 위화감이라고 지적하고 싶습니다. 우리들이 지키고 가꿔야 할 우리들의 마음을 떠나 엉뚱한 곳을 헤매며 자신들에게 유익한 것보다는 무익한 것에 더 많은 관심을 가지고 모든 열성을 다 쏟고 있다는 것이 오늘날의 세태가 되어 버린듯한 느낌을 받습니다.

그로 말미암아 의식이 흐려지고 자신이 가야할 줄기를 제대로 찾지 못하여 심지어는 자신이 지금 어디로 가고 있는지 조차 알지 못하는 상황 속에서 헤매다가 좋은 시절을 다 날려 보내는 사람도 많은 것입니다.

내 마음 속에는 내가 분명하고 확실하게 뿌리를 내리고 있어야 비로소 내가 존재할 수 있는 것이고, 또한 주인다운 모습도 보일 수가 있는 것입니다.

생각해 보면 청소년 세대들이 배워온 지식의 언저리에는 자아의 상실에 대한 깨우침이 소홀했고, 방황하는 마음의 갈피를 제자리에 있도록 하는 참된 노력이 미치지 못했던 것이 사실입니다.

다시 말해 우리는 새로운 지식의 조각들만 가득 담아 넣었지 그 지식을 어디에다 어떤 방법으로 활용해야 할 것인지를 몸에 지니도록 익히지 못했다는 것입니다.

예를 들자면, 수목(樹木)을 기르는데 가지와 잎들만 가다듬었지 뿌리를 배양함에 소홀했던 점을 인정하지 않을 수 없는 것입니다. 진정한 주인 정신을 갖추기 위해 이제 물줄기의 근원을 찾듯, 수목의 뿌리를 튼튼하게 가꾸듯, 우리들 정신의 맥을 찾는 일에 몰두해야 하겠습니다.

그리고 의식의 바탕에서부터 자아에 대한 깨우침을 갖고 흔들리지 않는 마음의 중심을 잡아 튼튼한 정신의 줄기를 바로 세워야 하겠습니다. 그리하여 흔들리지 않는 마음 바탕으로부터 자기 마음을 알차게 가꾸어, 넓고 큰 세계로 자기의 참모습을 실현시켜 나가야 하겠습니다.

이 글을 읽으신 후에, 눈을 감고 조용히 생각해보시기 바랍니다. 매일 매일의 그 수많은 시간들 속에서 과연 우리는 어떻게 살아가야 나의 진정한 발전을 위해 주인답게 살아가는 것인지를 생각해보아야 하겠습니다.

절약은 최고의 미덕

요즈음 과소비라는 말을 흔히 듣습니다. 과소비라는 것은 소득 수준에 비해 소비가 지나치게 많은 것을 말합니다. 우리 경제가 더욱 발전하고 개인이 더 잘 살기 위해서는 소비 욕구를 자제하고 근검절약 하는 태도가 필요합니다.

옛날부터 우리나라 사람들은 가난이란 것에 찌들어 살아온 민족입니다. 오늘날처럼 이렇게 잘 살게 된 것은 불과 십 여 년에 불과합니다. 그전에야 아주 잘 사는 몇몇 사람들을 제외하고는 대부분의 사람들은 제 때 끼니도 변변히 먹지 못할 정도였습니다. 그래서 배가 고파 무엇이든 배불리 먹을 것을 찾았고, 남루한 옷차림에 양말도 누덕누덕 기워서 신었습니다.

학용품은 지금의 것보다 질도 좋지 않았을 뿐 아니라, 그 종류도 다양하지 못했습니다. 그러나 한 번 사면 끝까지 아껴 썼고, 신발은 바닥이 다 닳도록 신고 다녔습니다. 애지중지 아끼던 물건을 어쩌다 잃어버렸을 때면, 그것을 찾기 위해 깜깜한 밤까지 이곳저곳을 헤매고 다녔습니다. 그리고 그 아쉬움을 못 잊어 밤잠을 설치기도 했습니다.

비가 오는 날이면 종이 우산이라도 가지고 있는 사람은 행복한 사람이었습니다. 웬만한 사람들은 비를 그냥 맞거나, 그렇지 않으면 포대 종이를 쓰고 다녔습니다.

학생 여러분, 여러분들은 생각지도 못할 이런 이야기들을 듣고 잘 이해할 수 없을 것입니다. 그러나 이런 일들이 아주 오랜 옛날에 일어나 일들이 아닙니다. 여러분들의 부모님들이라면 누구나 거쳤던 그런 이야기들입니다. 그래도 그때는 참으로 좋았던 일들이 많았습니다. 모두가 어렵게들 살고 있었지만, 서로가 정으로 감싸주고 위로해주며, 어려운 일이 있을 때면 그 어려움을 함께 했을 뿐 아니라 서로 아끼고 사랑했습니다.

오늘날은 물질이 너무나 풍부합니다. 편리한 생활용품이 없는 것이 없을 정도로 그 종류도 대단히 많습니다. 심지어는 어떤 생활용품이 또는 어떤 가전제품이 시장에서 팔리고 있는지를 몰라서 쓰지 못하는 경우가 많습니다. 그러나 보니 사람들의 생활 형태는 몹시 다양해졌습니다.

그러나 반면에 사회생활은 그 만큼 더 산만해지고 알뜰하고 정다운 마음이 사라져버린 것입니다. 다시 말해서 사람들의 낭비벽이 심하게 나타나게 된 것입니다. 특히 학생 여러분과 같은 청소년들에게는 물건을 귀하게 아끼는 마음이 부족한 것 같습니다. 물건이 조금만 낡았어도 미련 없이 버리는가 하면, 새로 산 물건도 잃어버렸을 때는, 찾으려고 노력하기보다는 다시 사면된다는 편리한 생활태도까지 형성된 것 같습니다.

이런 태도는 결코 찬양할만한 것이 되지 못하는 것입니다. 절약하는 마음은 알뜰한 마음이요, 절약하는 손길은 아름다운 손길이고, 절약하는 태도는 모든 사람들에게 깊은 교훈을 주는 미덕 중에 미덕입니다.

그리고 절약하는 마음은 자기 가정을 윤택하게 함과 동시에 사회와 국가 발전을 위해서도 크게 공헌하는 일이 되는 것입니다.

학교생활에서도 마찬가지입니다. 우리가 절약해야 할 부분이 많이 있습니다. 그중에서도 수돗물과 전기 아껴 쓰기에 대하여 한 번 생각할 줄 알아야 하겠습니다. 학교에서는 한 달에 수도 요금과 전기 요금으로 수 백만원씩 나가고 있습니다. 물론 수도와 전기는 우리 생활이 필수품으로서 필요시에는 얼마든지 사용해야 되겠지요.

그러나 낭비는 없어져야겠다는 말입니다. 그뿐 아니라 모든 시설물을 아껴서 부서지지 않도록 사용하는 것은 더 많은 절약을 하는 것입니다. 시설물이 부서지면 몇 백만원 정도가 드는 것이 아니고 몇 천 만 원씩이나 들어갈 경우도 있어서, 차라리 그 돈을 가지고 여러분들의 교육활동에 쓴다면 훨씬 좋은 환경을 만들 수도 있겠습니다.

학생 여러분, 이러한 절약은 몸에 배어 있어야 하는 것이며, 그런 절약 습관이 자연적으로 형성되어 있다면 그것은 여러분들의 장래를 훨씬 풍부하게 만드는 원동력이 되리라 믿습니다.

시간 관리의 지혜

오늘은 시간 관리의 지혜에 관하여 말씀드리겠습니다. 시간보다 소중한 재산은 없다는 것은 누구나 잘 알고 있는 사실입니다. 그래서 극단적으로, 인생을 살아가는 그 자체가 시간과의 싸움이라고까지 말하는 사람도 있습니다.

그런데 학생 여러분들은 여러분들에게 주어진 시간에 대하여 어떻게 관리를 하고 계십니까?

여러분들은 과연 시간의 소중함을 절실히 알고 시간을 아껴 쓰고 있는지요?

그러면 여기에서 시간의 소중함을 말해주는 일화 한 가지를 말씀드리겠습니다.

미국의 사상가요, 발명가로서 벤자민 프랭클린이란 사람이 있습니다. 그의 시간 관리에 관한 유명한 이야기가 있습니다. 프랭클린이 펜실베니아에서 어떤 서점을 경영할 때의 일이었습니다.

어느 날 이 서점에 신사 한 분이 찾아와서 책값을 물었습니다.

"이 책이 얼마요?"

"예, 그 책은 3불입니다."

"3불이라고요? 참 비싸군요. 조금만 깎읍시다."

"안됩니다. 그것이 정가랍니다."

"그렇지만 주인, 이왕 말이 나왔으니 말입니다만 좀 깎아주시구려."

"좋습니다. 그러시다면 3불20센트에 드리지요."

"뭐요. 3불20센트요? 아니 깎기는 고사하고 20센트를 올려 받고 있지 않소? 자, 자, 우리 농담하지 말고 20센트만 깎고, 2불 80센트 하면 어떻겠소?"

"손님, 계속 그러신다면 이제는 3불 50센트에 팔 수밖에 없습니다."

"여보시오 주인, 아니 값을 깎아달라는데 자꾸 가격

을 올리면 어떻게 되는 거요? 아니 지금 장난치는 거요?"

"손님, 저는 장난치는 것이 아니라, 정당한 가격을 부르고 있는 거요. 저에게 제일 중요한 것은 바로 시간입니다. 그런데 손님이 그 중요한 시간을 자꾸만 뺏고 있으니, 값을 더 받을 수 밖에요. 저도 처음에 3불만 받고 빨리 파는 것이 훨씬 이익이 될뻔 했습니다. 시간이 바로 돈이니 할 수 없지요."

이렇게 프랭클린과 손님은 말씨름만 계속하고 있었습니다. 결국 화가 난 손님은 책도 사지 않은 채 휑하니 나가버리고 나서야 상황이 끝나게 되었습니다.

학생 여러분, 여러분은 이 프랭클린의 일화를 듣고 무엇을 느꼈습니까?

시간의 소중함과 시간의 무서움을 알면서도 프랭클린처럼 시간에 대하여 인색해 보신 적이 있으십니까?

우리의 시간은 소모성 자본이라고 할 수 있습니다. 그러나 무한정 주어지는 것은 아닙니다.

배우는 시간도 한정되어 있고, 일할 수 있는 시간도 한정 되어 있는 것입니다. 시간을 효과적으로 관리하는 데는 특별한 비결이 따로 없습니다.

시간을 창조하는 단 한 가지 방법은 시간을 절약하

는 일 밖에 없는 것입니다. 하루에 단 몇 분씩이라도 아낄 수 있다면 그것은 바로 여러분의 재산을 차곡차곡 쌓아가는 일인 것입니다.

시간은 이 세상 누구에게나 똑같이 24시간이 주어져 있습니다. 그러므로 그 시간을 얼마나 절약하고 또는 얼마나 효과 있게 투자하느냐에 따라, 또는 시간을 어떻게 이용하느냐에 따라 자신의 운명과 인생관이 달라지게 되는 것입니다.

학생 여러분, 시간은 돈이요, 자산이며, 여러분 자신을 만들어 가는 인격입니다. 사람이 생활한다는 것은 결국 흘러가는 시간을 자기에게 맞도록 운영하는 것입니다. 그러므로 시간을 운영하는데 있어 자신한테 전혀 도움이 안 되도록 활용한다거나, 자신한테 오히려 해롭게 활용한다면 무의미한 삶을 살아가고 있는 것입니다.

사람의 일생이라고 하는 것도 시간의 연속인 것이며, 일생동안 유익한 일을 한 사람은 자기에게 돌아온 시간을 유익하게 활용한 사람이요, 다른 사람에게 큰 덕을 베풀거나 훌륭한 발명을 한 사람은 자기의 시간을 창조적으로 잘 이용한 사람인 것입니다.

학생 여러분, 여러분은 여러분의 한 평생을 값지게

살아야 합니다. 그래야만 여러분이 이 세상에 태어난 책임과 의무를 다하는 것입니다. 그러기 위해서는 인생이라고 하는 테마 전체가 따로 있는 것이 아니라, 지금 흘러가고 있는 이 시간이 여러분의 인생의 한 토막이라는 사실을 이해하시기 바랍니다. 그리고 결코 헛되이 보내지 않기를 바랍니다.

최후의 1분

오늘은 최후의 1분에 대하여 말씀드리겠습니다.

모든 실패에는 꼭 한 가지 공통된 원인이 있습니다. 그것은 바로 사람들이 일시적으로 좌절했을 때, 다시 일어서려고 노력을 하지 않는다는 점입니다.

그러면 이에 관한 일화 하나를 학생 여러분에게 소개하겠습니다.

미국 텍사스 주에 다비라는 사람이 있었습니다. 그는 금광에 미쳐 있었습니다. 언젠가는 광산에서 금맥을 찾아 부자가 되겠다는 신념에 불타고 있었습니다.

그러다가 얼마 뒤에 그는 마침내 빛나는 황금 맥을 발견할 수 있었습니다.

그는 뛸 듯이 기뻤고 결국, 남의 눈을 피해 흙으로 금맥을 덮어놓고 지상으로 나왔습니다. 그리고 황금을 제련할 기계를 구하기 위해 고향으로 돌아갔습니다. 그는 고향사람들에게 황금 맥을 발견한 사실을 자랑스럽게 늘어놓으며, 돈을 투자하도록 권했습니다. 그 말은 들은 고향의 많은 사람들이 다투어 돈을 투자하겠다고 나섰습니다. 그는 금세 돈을 모을 수 있었고 그 돈으로 채굴기를 사 가지고 금광으로 달려가 금을 캐기 시작했습니다.

금은 계속 쏟아져 나왔고, 갑부가 되는 것은 이제 시간문제였습니다.

아니, 그런데 이게 웬일입니까?

어느 날 뜻하지 않은 일이 벌어졌습니다.

금맥이 뚝 끊어지더니 흙덩이만 나오기 시작한 것입니다. 하루아침에 그의 무지개 꿈은 사라져버렸고, 채굴을 단념해야 했습니다. 결국 코가 쑥 빠진 다비는 채굴기를 고철상에 팔아치우고 고향으로 내려갈 수밖에 없었습니다.

그런데, 마을에서 고철상을 운영하며 다비로부터

채굴기를 샀던 스미스라는 사람은 몹시 궁금했습니다. 그리고 깊은 생각에 잠겼습니다.

'그 좋은 금맥이 그처럼 허망하게 사라질 수 있단 말인가! 틀림없이 금맥은 어디선가 다시 이어질 수 있을 거야.'

이렇게 계속되는 의문은 머리 속을 떠나지 않았습니다.

그래서 그 고철상 스미스는 광산 기사를 초청하여 조사해보기로 마음먹었습니다. 얼마 후에 그 결과가 나왔습니다.

그것은 금맥의 단층이 끊겼다가 다시 이어질 수 있다는 내용이었습니다.

이 말은 들은 고철상 스미스는 뛸 듯이 기뻤고, 온갖 노력을 다하여 금맥을 찾는 작업에 착수했습니다.

지성이면 감천이라는 말을 실감이라도 하듯, 마침내 금맥을 찾아내고 말았습니다. 그런데, 신기한 것은 그 금맥이 끊어졌던 바로 그 곳이, 다비가 중도에 포기했던 지점의 바로 3피트 아래에 위치하고 있었다는 사실입니다. 두말할 것 없이 고철상은 그 금맥을 다시 채광하기 시작했고, 고철상은 그 광산에서 나온 금으로 마침내 거부가 되었습니다.

만일 금맥을 처음 발견했던 다비가 좌절의 순간을 딛고, 광산 전문가를 초청하여 새로운 시도를 해보기만 했더라면 행운은 그의 것이 되었을 것입니다.

그런데, 바로 이 최후의 1분을 참아내지 못했던 것입니다.

여러분 우리는 일상생활을 살아가면서 이러한 일을 얼마든지 만날 수 있습니다. 그럴 때마다 우리 모두는 3피트를 더 뛴다는 신념으로 매사에 임해야 되겠습니다. 그리고 실패에 직면할 때마다 '한 발작만 더, 1분만 더'하며 자기 스스로를 채찍질해야 되겠습니다.

인생은 인격의 만남이다

인간은 만남을 통해 성숙하는 것입니다. 독일이 유명한 작가인 한스 카로사라는 사람은 인생의 만남이야말로 모든 생활의 전부라고 표현했습니다.

결국 우리가 성숙한다는 자체가 만남의 연속이며 만남은 새로운 창조를 낳는 것입니다. 예수와 베드로의 만남은 사랑과 영원불멸한 복음을 낳았고, 공자와 안연의 만남은 인격과 인격의 깊은 만남이었으며, 괴테와 쉴러의 만남은 우정과 인격의 만남이었고, 단테와 베아트리제의 만남은 맑고 티없는 순애의 만남이었습니다.

만남 중에는 없어서는 안될 만남도 있겠지만, 만나지 않았으면 더욱 좋았겠다고 생각되는 잘못된 만남도 있습니다.

이 만남에 대하여 어떤 사람은 말합니다.

'사람과의 만남은 우연이 아니고 반드시 필연'이라고…, 그런가 하면 다른 사람은 만남을 가리켜 '필연이 아니고 우연'이라고 합니다.

어쨌든 만남 자체가 필연이든 우연이든 그 동기가 문제될 것은 없는 것입니다. 즉 다시 말해서 필연이라고 하는 운명학적으로 말하는 사람이거나, 세상 돌아가는 형편에 의해서 단순히 우연하게 만났다고 하는 사람이거나 문제될 것이 없다는 이야기입니다. 단지 우리가 현제 만나고 있는 이 만남은 세상의 여러 만남 중에서 한 일원의 만남으로써 그 자체가 귀중한 것이고 중요한 일인 것입니다.

만남이란 일단 만나고 나면 틀림없이 어떠한 관계가 형성되는 것입니다.

그 관계는 부모형제라는 피를 나눈 관계를 형성할 수도 있고, 일심동체인 부부의 관계를 이룰 수도 있습니다. 그리고 마음과 마음이 연결된 우정의 관계도 있고, 뚜렷이 말할 수는 없겠지만 삶을 살아가면서 여러 방면에서 도움이 되는 이웃이라는 관계도 있습니다.

그런가 하면 잠깐 동안 머문 자리에서도 또는 길가에서 스치는 관계에서도 만남이란 일정한 감흥을 남기게 됩니다.

어떤 사람과의 스침에서는 상쾌한 기분이 남는가 하면, 어떤 사람과의 스침에서는 몹시 기분 나쁜 흔적이 남습니다. 그뿐 아니라 아무런 관계없이 엘리베이터에 잠깐 동안 함께 탔을 뿐인데도 불편한 관계와 편안한 관계를 이룰 수도 있습니다.

그것이 불편할 때는 잠간이라도 마음이 뒤틀리고 몹시 기분이 상하는 것이고, 편안한 관계일 때는 상쾌하고 보람을 느끼며 긍정적인 사고방식을 형성하는데 많은 도움이 될 수가 있습니다.

그러므로 만남이란 그 만남이 어떤 만남이든 간에 타인에게 도움이 되는 만남이어야 합니다. 아무 쓸모없는 만남이 된다거나 오히려 피해만 끼치는 만남이라면 결국 후회스런 만남이 되는 것입니다.

동물들의 만남에는 두 가지만 있습니다. 그 하나는 자신과의 이해관계가 성립되지 않기 때문에 단순히 무관심한 만남을 이룩하는 경우가 그것이요, 다른 하나는 자신의 활동무대를 침범했을 때 적으로 간주하여 공격을 하는 적대적인 만남이 바로 그 것입니다.

그러나 인간의 만남은 인격의 만남입니다. 즉 인격 대 인격의 만남을 기본으로, 모든 행위가 이루어져야 한다는 것입니다. 아무리 가까운 부모 자식 사이거나 부부간의 사이, 또는 연인 사이라도 그 나름대로 지켜야할 룰이 반드시 있습니다. 이 룰이 제대로 지켜지지 않았을 때 상대방은 허탈에 빠지는 것이요, 삶의 보람을 잃어버리는 것입니다.

그러므로 아무리 가까운 사이라도 상대방에 대한 조그마한 인격정인 배려는 매우 필요한 것이요, 이것은 더욱 좋은 관계를 유지하는데 도움이 될 뿐 아니라, 상대방에게 삶에 대한 보람을 느끼게 해줄 수도 있습니다.

예를 들어 여러분이 일상생활을 살아가는 중에도 어머니의 손목을 꼭 잡으며, “엄마 우리를 기르시느라 얼마나 힘이 드세요, 제가 이 다음에 엄마께 잘해드릴게요”라고 했을 때 어머니 마음은 어떠하시겠습니까?

아마 이 세상을 모두 얻은 것보다 더 기쁠 것입니

다. 부부와 연인 사이도 마찬가지입니다. 일상적으로 이루어지는 대화 속에서도 상대방에게 인격적 배려가 담긴 위로의 말 한 마디는 상대방으로 하여금 이 세상을 살아가는 의미를 다시 한 번 느끼도록 해주는 것입니다.

그렇지 않고 가장 가깝다고 생각하는 사람에게서 인격을 무시당한 느낌이 들었다면 천만금의재물도 필요 없을 뿐 아니라, 금세 세상에 대한 좌절을 느낄 수도 있는 것입니다. 하물며 친구사이 이웃사이 더구나 잠깐 스치는 사이에서는 두 말할 필요가 없는 것입니다.

모든 인간의 역사는 인간의 만남 속에서 창조되는 것이며 그 만남 속에서 사회라는 거대한 그룹을 형성할 수 있는 것입니다. 이 모든 만남은 서로의 인격을 존중하는 만남이 되었을 때 비로소 서로의 관계가 바람직하게 형성되는 것입니다.

특히 학창시절의 만남 중에서 가장 중요한 친구를 사귀는 데 있어 유일하게 좋은 방법은 다른 사람의 훌륭한 친구가 되어 주는 것입니다.

학생 여러분, 원대한 꿈과 포부를 성취할 때까지 우리는 값지고 진실한 만남을 가져야 하겠습니다.

친구를 사랑합시다

하루의 여행을 가더라도 동반자를 잘 만나야 가는 길을 외롭지 않게 갈 수 있으며 효과적으로 갈 수가 있습니다.

하물며 앞으로 나아갈수록 어려움 투성이인 세상을 살아간다는 것은 사람과 사람이 서로 의지하며 더불어 살아가지 않으면 안 되는 것입니다. 물론 여기에서 더불어 살아갈 때의 사람들이란 여러 종류가 있습니다. 먼저 가까이에 부모형제가 있겠고 이웃이 있으며, 사회에서 알게 된 각계각층의 사람들이 있습니다.

그러나 그러한 사람들과의 만남이란 모두 나름대로 만나게 된 의미가 따로 있습니다. 부모형제는 피를 나눈 혈연의 관계가 있고 이웃은 같은 지역에서 산다는 연유가 있습니다. 그리고 생활하면서 알게 된 사회 각층의 사람들이란 그 사람들 나름대로 이해관계가 얽혀 있기 마련인 것입니다. 그러한 인연은 지속되는 한계가 분명히 정해져 있습니다.

부모님들께서는 언젠가 우리보다 먼저 돌아가심으로써 항상 함께 있을 수 없는 것이고, 함께 살고 있는 이웃 또한 사는 곳을 떠남으로써 영원히 잊어질 수가 있습니다. 그런가 하면 사회에서 갖가지 관계로 만난 사람들은 그 만나게 된 사유가 끝나게 되면, 영원히 만나지 못할 수도 있습니다.

그러나 친구만큼은 절대로 그렇지 않습니다. 어떤 의미에선 영원성을 갖는 관계가 친구지간의 관계입니다. 그뿐만 아닙니다. 이 세상에서 가장 편한 관계의 사람도 친구지간이요, 어려움을 보답 없이 청하고, 보답 없이 베풀 사람도 친구입니다. 그리고 가장 비밀스런 이야기도 친구한테는 가능한 것이며, 이 세상을 다할 때까지 고락을 함께 나눌 수 있는 것도 친구인 것입니다.

이처럼 친구는 사람과의 만남 중에서도 각별한 만남이며, 친구야말로 내 생활의 성패를 결정지을 만큼 중요하기도 합니다.

그래서 옛날부터 '친구를 보면 그 사람을 알 수 있다'라고 하거나, '친구 따라 강남 간다'라는 말도 있고, '일생을 살면서 친한 친구 한 사람만 만나도 성공했다'라는 말도 생겨나게 된 것입니다.

그런가 하면 친구를 위해 재물을 몽땅 바쳤다거나, 친구를 위해 목숨까지도 내주었다는 것들은 친구가 그 만큼 생을 살아가는데 있어 중요하다는 것을 나타내는 말입니다.

그러나 친구 중에도 분명히 구분이 있습니다.

길을 가다가 알게 된 친구가 있는가 하면, 아는 사람한테서 소개받아 알게 된 친구가 있습니다. 그런가 하면 친한 친구는 아니지만 오랫동안 알고 지내다가 보니 친구 아닌 친구가 되어버린 경우도 있습니다.

그러나 학창시절에 함께 자라며 모든 것을 함께 터득할 때의 친구야말로 가장 값진 친구인 것입니다.

그 중에서도 한 학교에서 또는 한 반에서 공부했던 친구란 이 세상에서 그 무엇과도 바꿀 수 없는 가장 절친한 관계인 것입니다. 그러니까 학교를 다니지 아니한 사람들이 가장 부러워하는 것이 바로 이 학창시절의 친구인 것입니다.

지식은 책을 보며 독학으로 얼마든지 얻을 수 있겠지만, 친구란 절대로 독학으로 얻을 수 있는 것이 아닙니다.

기쁠 때도 친구요, 슬플 때도 친구고, 깊은 일을 의논할 때도 친구인 것이며, 어려운 일이 있을 때 진정한 도움을 받을만한 사람도 친구밖에 없는 것입니다.

학생 여러분, 그런 의미에서 옆에 앉아 있는 친구를 한 번 관심있게 바라보십시오. 그리고 서로 활짝 웃어보십시오. 바로 그 모습이 영원히 함께 해야 할 모습인 것입니다.

그런데, 요즈음 다른 학교에서는 참으로 가슴 아픈 일이 일어나고 있다는 소리를 들은 바가 있습니다.

그것은 다름이 아니고, 이렇게 금보다도 귀중한 친구를 자기 마음에 좀 들지 않는다고 해서 왕따를 시킨다거나 때론 무시를 하고 또는 욕지거리를 할 뿐 아니라, 자기가 힘이 좀 세다고 해서 친구를 때리는 행위가 일어나고 있다 하니, 이것은 인간으로서 도저히 행할 바가 못 되는 비도덕적일 뿐 아니라, 가장 야만적인 행동인 것입니다.

학생 여러분, 지금 여러분들은 같은 반에서 한 선생님 밑에 똑같은 학생 신분으로 앉아 있겠지만, 정확히 20년 후가 되면 여러분들 각자는 전혀 새로운 사람들이 되어 있을 것입니다. 지금 힘이 세다하여 그때도 세다고 볼 수 없을 것이며, 지금 부유하게 산다고 해서, 그때까지 부유하게 산다는 것은 불확실한 미래에 불과한 것입니다.

간단히 말해서 사람은 수 백 번씩 변신을 한다는 이야기입니다. 그러나 지금 정답게 지낸 친구는 아무리 수백 번 변신을 해도 여전히 다정한 친구일 뿐입니다.

학생 여러분, 우리는 이렇게 좋은 학창시절의 친구를 영원히 사랑해야 되겠습니다. 정말 영원히 사랑해야 되겠습니다. 그것만이 여러분들이 얻을 수 있는 가장 값진 보배가 되는 것입니다.

청결은 우리 정신을 맑게한다

필요한 것을 찾으려면 늘 이곳저곳을 뒤지는 사람이 있습니다. 그런 사람은 일반적으로 평소 흐트러진 몸매에 흐릿한 눈동자로 여기저기를 두리번거리는 습성이 있습니다.

얼른 보기에도 무엇인지 텅비어 있는듯한 느낌이 들기도 합니다.

우리가 일상생활을 살아가는데 필요한 대부분의 속담이나 명언들은 사람이 살아가는 방향을 잘 나타내 줍니다.

그런 말 중에 '사람의 겉을 보면 속을 알 수 있다'라는 말이 있습니다.

이 말의 의미는 겉에 나타난 모습이야말로 속마음을 비춰주는 정확한 거울이 된다는 뜻입니다.

마음이 단정하고 철두철미한 사람은 절대로 흐트러진 모습을 보이지 않습니다. 언제나 깔끔하고 단정하며 자기주변을 잘 정돈합니다. 그런 사람은 다른 사람보다도 정신력과 집중력이 강하고 기억력도 좋으며 책임감이 강한 것이 특징입니다.

따라서 동료나 친지로부터 신임도 두텁고 사명감도 다른 사람보다 뚜렷합니다.

그런 사람이 사용하고 있는 옷장이나 서랍 속은 열어보지 않아도 언제나 짐작할 수 있습니다. 연필 한 개, 종이 한 쪽이라도 있어야 할 곳에 차분히 놓여 있을 게 분명합니다. 물건만 그런 것이 아니고 모든 행동 또한 엄격한 생활 태도에 따라 통제되기 때문에 빈틈이 없습니다.

여러 가지 규율에 따라 단체생활을 해야 하는 곳에서는 개개인의 물건들의 정리 정돈 상태는 더욱 더 중요합니다.

그런 의미에서 여러분은 지금 앉아 있는 주변을 한

번 살펴보십시오. 그리고 가만히 손을 넣어 책상 속을 더듬어 보십시오. 어떻습니까? 가지런하게 정돈이 잘 되었습니까?

그러면, 이제 눈을 감고 여러분들의 집을 한 번 생각해보십시오. 그리고 여러분들이 오늘 아침에 학교를 가기 위하여 나왔던 바로 그 방 안을 마음속에 그려보십시오.

다시 말해서, 여러분들이 쓰고 있는 물건들이 지금 방 안의 어디에 어떻게 놓여 있는 지를 마음속에 그려보는 것입니다.

걸려 있는 옷가지들이 팔다리가 쑥 들어간 채 여기저기에 널려있고, 책상에는 온갖 잡동사니들이 가득 차 있어서 공부하기보다도 놀이를 한다거나 폐품 수집 장소 같은 착각을 일으키게 할 것입니다.

그것도 어머니께서 가끔 들어와, 치워주시기 때문에 그 정도를 유지하고 있지, 그렇지 않다면 쓰레기 소각장보다 더할 것입니다.

그러면 이번에는 교실을 한 번 둘러보십시오.

교실 뒤편에는 걸레, 빗자루, 각종 쓰레기들이 제멋대로 자리를 차지하고 있을 것이고, 책상 주변에는 아무렇게나 버린 각종 종이 부스러기, 과자봉지, 빵봉

지들이 널려 있을 것입니다.

책상 속에도 구겨진 책들이 신발주머니와 함께 어우러져 있을 것이 분명합니다.

정말 티 없이 맑고 깨끗하고 예쁜 여러분들의 주변은 이렇게 너무 지저분하기 이를 데 없습니다.

학생 여러분, 오늘 이 시간 이후, 여러분들도 주변을 한 번 정리해 보십시오. 내 주변과 나는 항상 일심동체인 것입니다. 내가 존재한다는 것은 나의 주변이 항상 나를 감싸주는 백그라운드가 되어주기 때문입니다.

그림을 그리거나 사진을 찍을 때도 주변 환경이 어떠냐에 따라 인물이 달라지는 것입니다.

적어도 자기의 이부자리는 자기 손으로 정리하여 어머니께 수고를 끼치지 말아야겠습니다.

책상 위나 서랍 속의 불필요한 것들은 깨끗이 치우고, 종류가 같은 것은 한데 모아 편리하게 사용할 수 있도록 합시다.

벗은 옷은 다시 입을 때를 생각하여 뒤집혀진 부분을 바로 펴서 옷걸이에 걸어 두고, 사용한 물건을 제자리에 다시 두어서 다음 사람에게 불편함이 없도록 하며, 잠자리에 들기 전에 반드시 다음날 공부할 시간표와 준비물을 미리미리 챙겨두는 습관을 길러 아침 등굣길을 좀 더 여유 있게 시작해 봅시다.

그리고 여러분들이 있는 곳을 깨끗이 쓸어보십시오. 반짝반짝 윤이 나도록 닦아 보십시오.

그렇게 하고 나면 얼마나 정신이 맑아지고 시원해지는지 느껴보십시오. 아마 지금까지는 타율적으로 살아왔던 느낌과는 반대로, 나 자신도 떳떳하게 살아갈 수 있다는 자신감이 생기게 될 것입니다.

그리고 주변에 있는 모든 물건들이 한층 귀하게 보일 것입니다.

정이라고 하는 것은 사람끼리만 드는 것이 아닙니다. 애지중지하게 기르는 동물과도 사람 못잖은 정이 들 수 있고, 가깝게 쓰는 물건과도 깊은 정이 드는 법입니다.

그리고 나의 손때가 묻으면 묻을수록 감정까지도 통할 수 있는 것입니다.

그런데 여러분들은 그렇지 않은 것 같습니다. 여러분들은 몹시 갖고 싶었던 물건이라도 처음 샀을 때는 무척 아끼다가도 조금만 시간이 지나면 금세 싫증을 내고, 아무렇게나 내팽개쳐 버립니다. 그러다가 부서져도 서운하게 생각하는 점이 없으며, 설사 잃어버린다 해도 찾으려는 마음도 없습니다.

아까운 생각은 고사하고 다시 사면된다는 결정을 쉽게 내릴 뿐입니다.

학생 여러분, 사람은 이렇게 주변을 정리하는 가운데 마음의 안정을 찾고 성숙해 가는 것입니다. 그리고 주변이 깨끗하고 잘 정돈된 곳에 앉아 있으면, 여러분 자신이 한결 품위가 있고, 산뜻한 아름다움도 솟아날 것입니다.

가슴이 넓은 사람이 되자

시계 속에 있는 시침과 분침을 가만히 들여다보면 움직이는 것 같지도 않은데, 어느 시점에서 돌아보면 수많은 세월들을 창조해 놓았습니다.

여기에서 우리는 꾸준히 노력만하면 큰 것을 이룰 수 있다는 교훈을 얻을 수가 있겠습니다. 이 교훈이 바로 우리 인류의 역사를 탄생시켰고, 앞으로의 비전도 제시해주는 것입니다.

우리는 이렇게 시간 속에서 하나의 개체가 되어 삶을 살아가고 있는 것입니다.

그런데 이 삶 속에서 우리가 선택해야 할 중대한 몫이 있습니다. 그것은 바로, '이 흐름 속을 그냥 떠내려가며 살 것인가? 그렇지 않으면 내가 살고 싶은 방향대로 살 것인가? 하는 문제인 것입니다.

이것은 전적으로 우리 자신의 판단에 의한 것으로써, 자신의 인생을 창조하는데 가장 중요한 일이 되겠습니다.

이 세상의 모든 생물들은 나름대로 변환을 여러 번 거쳐 성장하는 것입니다. 그런 의미로 볼 때, 사람도 예외가 아닙니다. 즉 자신의 창조적인 삶을 위해 여러 번의 성장 단계를 반드시 거치게 되어있습니다.

현재 여러분은 똑 같은 교실에서 일률적으로 공부하고 있지만, 지금부터 정확히 20년이 지나게 되면 여러분들은 사회 곳곳에서 여러 형태의 인물이 되어 있을 것입니다.

어떤 사람은 사업가가 되어 제법 경제력을 과시하는 사람도 있을 것이고, 어떤 사람은 판검사가 되어 죄와 벌의 주인공이 되어 있을 것이며, 어떤 사람은 공무원이 되어 착실하게 명예를 쌓아가고 있을 것입니다.

그런가 하면 어떤 사람은 마약 상습 복용자가 되어

어두운 그늘만 찾는 사람도 있을 것이고, 어떤 사람은 더 큰 죄를 지어 일생을 감옥에서 보내야할 사람도 있을 것입니다.

그러나 우리는 미래에 대해 단 1초 앞도 내다볼 수가 없는 것입니다. 하지만 우리는, 보다 건전하고 발전적이며 성공적인 삶을 위해 미래에 대한 준비는 얼마든지 할 수가 있습니다.

그러한 것은 우리보다 앞선 세대에서 훌륭하게 살다 가신 위대한 사람들의 일생일대를 살펴봄으로써, 좋은 교훈을 얻을 수 있는 것입니다.

그런 사람 중에는 링컨, 처칠, 아인슈타인, 에디슨, 노벨 등 외국 사람도 있고, 이순신, 김구, 조만식 등 우리 선조들도 있는 데, 그런 분들이야말로 생활의 본을 받기에 마땅한 사람들인 것입니다.

그런데 여기에서 주목해야할 점은 이러한 사람들에게는 한결같은 공통점이 있다는 사실입니다. 그것은, 이런 사람들은 공부를 많이 하여 머리속에 지식을 많이 쌓았다기보다도, 온 세상을 품을 만큼 넓은 가슴을 가지고 있었다는 사실입니다.

그렇습니다. 성공한 사람들, 또는 성공할 사람들은 학교 다닐 때 공부를 일등으로 한 사람들이 아니라,

학창 시절에 가슴을 넓게 키운 사람들인 것입니다. 가슴을 넓게 키우기 위해서는 마음이 옹졸해서는 절대로 안 되는 것이며, 소인배처럼 자기 이익만 생각하는 사람은 더욱 비열한 사람인 것입니다. 더구나 친구 간에 조그마한 일을 가지고 싸움질만 계속한다거나, 하급생에게서 용돈을 갈취하여 자기이익에 쓰는 사람은 절대로 성공할 수 없는 것입니다.

자신의 마음을 풍부하게 키우지 못하고, 잔꾀만 발달시켜 다른 사람을 자기에게 유리한 쪽으로 이용할 계략만 세우고, 그 방향으로만 발달하는 사람들은 결국 상대방에게 피해만 주고 자신도 패망하는 것이 보통입니다.

우리 속담에는 '될 나무는 떡잎부터 알아본다'라는 말이 있습니다. 즉 사람이 성공하여 큰 사람이 된다는 것은, 자랄 때 행동하는 것을 보면 알 수 있다는 말입니다.

그런데 여기에서 행동이란 것은 사람으로서 품을 수 있는 '그릇'을 말하는 것이며, 그 그릇이란 바로 인간의 마음, 즉 가슴의 크기를 말하는 것입니다.

가슴이 넓은 사람은 무엇이든지 이해하는 심성이 풍부하여 인간성 자체가 좋고, 어떠한 일이든 용서를 잘하며, 다른 사람을 위한 봉사정신도 뚜렷하여 이익을 베풀기를 좋아합니다.

그리고 가정에서도 부모님의 뜻을 존중하고, 형제간에도 양보를 잘 함으로써 집안 화목에도 훌륭한 영향을 끼치기 때문에 주변 사람들에게 칭송을 받게 되는 것입니다. 또한 이러한 사람은 도처에서 환영을 받게 됨으로써, 긍정적 사고방식이 형성되어 모든 면에 밝은 면만을 찾게 디는 것입니다.

따라서 모든 사람을 위한 일에 관심을 갖게 되고, 자연적으로 모든 사람들을 위한 방면에서 성공을 거두게 되는 것입니다. 이렇게 볼 때, 학생 여러분들이 처해 있는 이 중 고등학교의 시기야말로 여러분들의 일생에서 가장 큰 변수를 지닌 시기라고 볼 수 있습니다.

아무쪼록 냉철한 사고와 판단으로 여러분들의 가슴을 키우는 계기가 되길 바랍니다. 그러면 학생 여러분, 이 새롭게 펼쳐지는 이 후의 세월은 여러분들이 주인공이 되는 세대임을 명심하시고, 풍부한 마음으로 온 세상을 힘차게 헤쳐나가시기 바랍니다.

노력과 성공

오늘은 노력과 성공에 관하여 말씀드리겠습니다.

'역전의 스릴'이란 말은 야구장에서만 쓰이는 말이 아닙니다. 우리 인생의 현장에도 노력하고 생각하는 가운데 '역전의 스릴'은 얼마든지 있습니다.

베니스의 상인, 햄릿, 로미오와 줄리엣 등 불후의 명작들을 남긴 영국의 시인이자 배우이며, 희곡 작가인 셰익스피어의 면모를 보면 실로 놀라운 일들이 많습니다. 우선 그는 중학교 1학년 중퇴의 학력밖에는 갖고 있지 않았습니다. 그러나 그가 가만히 앉아서 위대한 사람이 되지는 않았습니다.

그는 소년시절에 많은 책을 읽었습니다. 책의 제목만 적어도 한 권의 책이 될 만큼 많은 책이었습니다. 그러나 집이 가난했던 그는 소년시절에 고향을 떠나야 했습니다. 그리고 런던 거리에서 일자리를 얻기 위해 서성거려야 했습니다.

그러던 중 그는 지나가는 마차에 치어 쓰러져버렸습니다. 그러나 용케도 그 마차 주인은 그 근처에 있는 극장 주인이었습니다.

그 인연으로 그는 극장의 잡역부로 들어갈 수가 있었고, 그 이후에 배우가 되었습니다. 그리고 읽었던 책을 바탕으로 희곡을 쓰기에 이르렀습니다. 물론 모든 사람들이 셰익스피어와 같은 인생관과 그와 같은 역전의 스릴을 만든다는 것은 아닙니다.

그러나 분명한 사실이 하나 있습니다. 누구든지 자기 수련의 자세와 근면하고 성실성이 없이는 성공할 수 없다는 것입니다.

나폴레옹도 10%의 물질과 90%의 정신이 있으면 성공할 수 있다 했고, 아인슈타인은 99%의 노력과 1%의 영감을 주장했습니다.

우리가 성공하기 위해서는 다른 사람보다 무엇인가

다르고, 다른 사람보다 하나를 앞서야 되며, 또 다른 사람보다 더욱 노력하는 의지가 있어야 된다는 사실을 명심해야 할 것입니다. 노력보다 더 좋은 운수는 없는 것이며, 노력보다 더 훌륭한 선생님은 없는 것입니다.

학생 여러분, 오늘도 여러분의 발전을 위해서 노력합시다. 그것만이 여러분에게 영광을 안겨줄 것입니다.

이제 곧 긴긴 겨울 방학이 시작됩니다. 방학은 여러분을 새롭게 만들 수도 있지만, 여러분을 바보로도 만들 수 있습니다. 여러분 스스로가 이 방학기간을 여러분에게 모자라는 면을 채우는데 활용한다면 몰라보게 성숙한 여러분을 탄생시킬 수 있을 것이고, 그렇지 않고 나태하고 게으름을 피우며, 노는 데에만 치중한 사람은 개학날 하나의 멍청이가 되어 등교하게 될 것입니다.

사람은 누구에게나 다른 사람이 따라올 수 없는 뛰어난 점이 하나씩 있기 마련입니다. 우리는 이러한 자기의 독특한 재능을 키우는데 열성을 바쳐야 합니다. 바로 이러한 소질 개발이 바로 성공의 열쇠인 것이고, 이 긴 겨울방학 기간은 바로 이것을 개발하는데 이용해야 하는 것입니다.

학생 여러분, 여러분은 지금 이 시절이 여러분의 인생 전체 중에서 최고로 아름답고 최고로 중요하며 최고로 값지고 활동적인 시기라는 것을 깨달아야 합니다. 최고로 값진 이 시기에 함께 보낼 수 있는 사람들 또한 나에게 가장 중요한 사람들이 되는 것입니다.

왜냐하면 그 사람들이 여러분의 인상에 가장 강하게 영향력을 끼칠 수 있는 사람들이기 때문입니다. 그래서 그 분들에게 가장 잘 해주어야할 까닭도 있는 것입니다. 그러므로 옆에 있는 친구들 그리고 선생님들, 부모님, 이웃사람들, 후배 선배들을 다시 한 번 생각해봅시다. 그 분들 속에 나의 노력과 성공이 함께 공존하고 있는 것입니다.

이제 그 분들께도 아름답고 따뜻한 나의 마음을 보낼 수 있는 여유를 가져야 하겠습니다. 그러면 오늘 하루가 보람된 날이 되어 여러분의 전 인생이 보람된 인생으로 이어지기를 바랍니다.

새로운 도약의 계기를 맞자

학생 여러분 안녕하십니까? 새 학년의 문을 연지가 엊그제 같은데 벌써 한 해를 마무리해야 할 12월 중반에 서 있습니다.

그동안 여러분은 눈에 띄게 많은 성장을 했습니다. 초등학생 티를 그대로 안고 어설픈 교복 차림에 사탕을 물고 다니던 애송이 1학년생들이 이제 목소리가 제법 굵직하고 행동도 의젓해졌습니다.

그리고 현재 2학년들도 언제 그렇게 성숙했는지 하나같이 자신의 일이 스스로 알아서 하는 모범생들이 되어 밝게 학교생활을 하고 있습니다.

3학년 학생들에 대한 칭찬은 더 말할 필요가 없겠습니다. 한마디로 말하여 우리 학교의 최고 학년답게 매우 어른스러워졌습니다. 외모에도 무게가 실려 있고, 말소리와 행동이 점잖아졌으며, 모든 일에 대한 책임감도 분명해졌습니다. 더욱이 여학생들은 정숙한 숙녀에게서 찾아볼 수 있는 아름다운 품위조차 풍기고 있습니다.

여러분 모두가 이렇게 잘 자라주고 있으니, 여러분 자신들이나 모든 선생님들께도 매우 기쁜 일이 아닐 수 없습니다. 가정에 계시는 여러 부모님 또한 얼마나 기쁘시겠습니까?

여러분이 국가에 충성을 하고 부모님께 효도를 한다는 것은, 여러분들의 주변 멀리에서 따로 찾아야 되는 것이 아니라, 또한 돈을 들여 물질적으로 풍요롭게 해드려야 하는 것이 아니라, 이렇게 여러분 하나하나가 인간으로서 바르게 성장해 주는 일인 것입니다.

애벌레가 번데기를 여러 번 벗은 다음 아름다운 나비가 되듯, 우리 사람들도 이렇게 몇 번의 시련의 단계를 거쳐야 비로소 완전한 사람이 되는 것입니다.

그 시련은 크면 클수록 경험이 풍부해지는 것이고, 인내심이 강하게 되며, 사회생활에서 어떠한 일에 부딪혀도 해낼 수 있는 강력한 능력이 생성되는 것입니다. 각 계층에서 성공을 거두었다고 보는 사람들은 누구나 여러분들이 겪는 지금의 이 학창시절을 똑 같이 거친 분들입니다. 그런 분들도 공부만 좋아했던 것은 전혀 아닙니다. 여러분들처럼 놀기도 좋아했고, 개구쟁이로서 말썽도 많이 피웠던 사람들입니다.

그러나 한 가지 분명한 사실은 공부를 해야 할 때는 놀고 싶은 욕망을 과감히 꺾고 열심히 노력한 사람들입니다. 그런 사람들에게 또 다른 특징이 있다면 그런 사람들은 다른 사람들이 똑 같이 쉬는 방학이나 휴일 같은 날에 더욱 열심히 일하면서 매우 효과적으로 이용했다는 공통점이 있습니다. 왜냐하면 다른 사람들과 똑같이 활동하고서는 그 사람들 보다 앞서 갈 수가 없었기 때문이었습니다.

이제 여러분들의 올바른 정신력을 시험이라도 해보듯, 여러분 앞에는 긴긴 겨울방학이 놓여 있습니다. 이 방학이야말로 여러분들이 무의미하게 놀면서 보낸다면 몇 달이 되어도 아무런 소용이 없을 것입니다. 하지만 이 방학을 유용하게 보낸다면 여러분의 인생관을 새롭게 할 수 있는 대단히 중요한 전기가 될 수 있습니다.

현대는 과학적 황금시대로써, 여러분들이 필요한 지식을 습득하려고 노력만 한다면, 얼마든지 취할 수가 있습니다. 그렇다면 이번 겨울 방학을 여러분들의 재도약의 단계로 활용해 보시지 않겠습니까?

아마 여러분들은 누구나 상대적으로 뒤떨어지고 있는 교과를 몇 개씩 가지고 있을 것입니다.

그렇다면 이 방학동안에 먼저 이 학과를 재복습하여 실력을 쌓는 일에 전심전력을 다하십시오. 그러면 여러분들은 실력도 늘어날 뿐 아니라 공부하는 습관도 형성이 되어 방학 후의 학습에 큰 도움이 될 것입니다.

더불어 방학이 되면 자연적으로 집에 있는 시간도 많게 됨으로, 부모님이나 형제들과 오붓하게 정을 쌓는데도 열성을 다하십시오. 그러면 인생을 살아가는 훈훈한 마음이 한껏 피어오를 것입니다.

또한 조용한 시간에 일기를 쓰며 자신의 인생 설계를 해보는 것도 좋을 것이며, 친척집을 방문한다거나 가보고 싶었던 유적지를 더듬어 선혈들의 깊은 가르침을 찾아보는 것도 필요하다고 보겠습니다.

그러나 이 방학을 고삐 풀린 망아지처럼 아무렇게나 보낸다거나 좋지 못한 것만 배우는데 활용한다면, 여러분의 인생은 한 번 펴보지도 못하고 일시에 망쳐버릴 수 있는 기간이 될 수도 있습니다.

그러므로 이 방학기간은 어떤 사람에게는 성공의 지름길이 될 수도 있고, 어떤 사람에게는 허송세월이 될 수도 있으며, 어떤 사람에게는 완전히 망가져 버린 인생의 길로 들어가는 관문이 될 수도 있습니다.

담배를 피우지 않던 사람이 담배를 배운다거나, 또 재미 삼아 본드를 마셔본다거나 또 성인 차림으로 밤거리를 활보한다거나 하는 행위는 순간만을 위한 삶이라 볼 수 있습니다.

앞길이 창창한 여러분들에게는 그러한 것들은 독이 되는 것이며, 그 독은 여러분들을 정상적인 사람으로부터 멀리 격리시키는 감옥이요, 또한 해악이 되는 것입니다.

풋과일이 가을철에 맛있는 과일로 익기 위해서는 한 여름의 뙤약볕과 강력한 폭풍과 비바람을 견뎌야 되는 것입니다. 여러분들은 과일로 말하자면 바로 이 익지 않은 과일에 해당되는 것이며, 지금 겪고 있는 모든 것은 가을에 단 과일이 되기 위한 시련이라고 생각하면 쉽게 이해되리라 봅니다.

그러기 때문에 여러분 앞에 놓여 있는 과제는 하기 싫어도 풀어야 되고, 밥맛이 없어도 육체적 성장을 위해 먹어야 되며, 여러분들의 부모님이나 선생님께서 여러분이 잘 되도록 걱정하는 말씀들은 듣기 싫어도 들어야 합니다.

그것은 모두 여러분들에게 필요한 약이 되는 것이며, 그 약을 먹어야 여러분이 온전한 성인이 되는 것입니다. 그리고 그러한 뼈저린 교훈을 가지고 있어야 여러분들의 후배나 또는 머지않은 장래에 여러분들의 자녀가 태어났을 때, 여러분들이 아빠로서 또는 엄마로서 학창시절을 이렇게 노력하며 보냈노라고 떳떳이 말할 수 있을 것입니다. 그렇지 않고서야 어떻게 여러분의 후배와 자녀에게 참다운 교훈을 줄 수 있겠습니까?

한 개인의 역사는 물론 국가 전체의 역사도 모두가 인간의 행동양식에 의해 쌓아지는 것입니다. 그 역사는 아주 정확한 것으로써 그 시대에 바람직하고 발전된 것은 세월이 가도 언제까지나 존재하고 있지만 그렇지 않은 것은 이름도 없이 사라져 버리는 것입니다. 그래서 우리들 의식의 흐름 속에는 훌륭한 사람들의 업적과 언행들이 남아 있는 것입니다.

그런 의미에서 여러분들도 크든 적든 간에 여러분들의 역사를 남겨야 되겠습니다. 그것이 바로 여러분들이 살아 있다는 참다운 의미요, 세월이 지난 후 뒤돌아보았을 때 결코 후회 없는 인생길이 될 수 있는 것입니다.

인생에서 가장 승리자가 됩시다

가을 하늘에 빨갛게 익은 탐스런 사과는 그냥 익은 것이 아닙니다. 이렇게 멋진 자태로 세상에 출연하기까지는 봄부터 이어지는 파란 만장한 풋사과시절이 있었다는 사실을 알아야 합니다.

꽃이 피고 갓 피어난 어린 열매부터 사시사철 밤낮으로 변하는 날씨를 한 몸으로 이겨내지 않고서는 도저히 이러한 사과로 태어날 수 없는 것입니다.

바람이 불기를 얼마나 불었으며, 뙤약볕은 얼마나 강하게 내려쬐었습니까?

또한 밤과 낮의 기온의 차이, 지루한 장마, 찬바람 된서리 등 어린 열매로서는 참으로 감당하기 힘든 시련이었을 것입니다.

그러나 그런 것을 모두 이겨내고 자신의 위치를 우뚝 세웠습니다. 아무리 시련이 가혹해도 누구한테 도움을 청한 적도, 받은 적도 없으며 한 번도 낙망해본 적도 없습니다. 그렇게 해서 결국 오늘의 결실을 맺게 된 것입니다.

그런데 이 사과나무에게는 봄철에 수많은 꽃이 피었고 따라서 그 수없이 많은 작은 열매들이 성숙한 열매로 성장하기 위해 첫 출발을 시작했습니다.

그러나 그들 중에 많은 꽃들이 열매도 맺지 못하고 도중에 생을 마감했고, 또한 열매를 맺었다 하더라도 풋 열매 시절을 넘기지 못하고 떨어져버린 것들이 얼마나 많은지 모릅니다.

그런 가운데 가을까지 남아서 더구나 탐스런 열매로 성장했다는 것은 참으로 자랑스러운 일이 아닐 수 없습니다.

우리는 이러한 과일의 교훈에서 우리의 삶에 대한 유익한 생의 좌표를 얻을 수 있습니다.

우리도 어떤 일을 시작했을 당시에는 제법 계획도

세우고 실천 목표를 설정하면서 끝까지 성취할 것을 다짐합니다.

그러나 조그마한 어려움이 닥친다거나 또는 어떤 전환의 계기를 맞게 된다면, 모든 것을 하루아침에 포기해버리는 예가 허다하다고 보겠습니다.

그렇기 때문에 인생의 승리자란 이러한 일들을 끝까지 참아 낼 수 있는 강인한 성격을 갖춘 사람들인 것입니다.

즉 다시 말해서 강력한 참을성과 꾸준한 노력의 정신을 함유한 사람들인 것입니다. 또한 이러한 정신과 더불어 자신감에 넘치는 강력한 자존심도 함께 겸비했다는 사실입니다.

이 강력한 자존심만큼은 강인한 인내심과 꾸준한 노력의 정신에 못지않게 인간 승리를 위해서 없어서는 아니 될 중요한 요소라고 지적하고 싶습니다.

왜냐하면 자존심이야말로 하나의 개인을 특성 있는 개인답게 길러주는 가장 기본이 되는 요소이기 때문입니다.

사람에게 자존심이 없다면 자신이 지향하는 삶에 대한 의욕과 포부가 없는 것이요, 그에 따른 성취 의욕도 없는 것이기 때문에 자존심이 살아 있는 한, 무엇인가를 꼭 행할 수 있는 가능성을 내포한 사람이라고 볼 수 있는 것입니다.

올림픽 경기의 꽃이라 볼 수 있는 마라톤을 예로 들어 생각해보겠습니다.

우리의 인생행로는 어느 면에선 이 마라톤 경기처럼 일렬로 서서 뛰는 것과 똑같은 것입니다. 적어도 올림픽 대회의 마라톤 경기에 출전한 사람들이란 자기 나라에서 최고의 승리를 거둔 엘리트들로서, 한 국가를 대표할 만한 자신만만한 사람들인 것입니다.

이 사람들이 스타트 라인에 섰을 때 마라톤 도중에 포기할 것이라는 것은 추호도 생각할 수가 없는 것입니다. 오히려 선수 개개인들의 머리속에는 이 경기에서만은 자신이 유일하게 승리할 수 있다는 자신감만 가득 차 있을 뿐입니다.

그러나 일단 경기가 시작되고 난 다음에는 어떤 일들이 일어나고 있습니까? 시간이 흐르면 흐를수록, 달리는 거리가 멀어지면 멀어질수록, 선수들 간의 격차는 더욱 커지고, 도중하차하는 사람들이 계속 늘어나게 되는 것입니다.

결국에는 처음 시작했을 때 그렇게 많았던 사람들이 모두 사라지고 단 한 사람이 최후의 승리자로 남게 된다는 사실은 우리에게 또 다른 서글픈 교훈을 주고 있는 것입니다.

인생에서 승리자가 된다는 것은 그렇게 쉽고 평탄한 길이 아닙니다. 그 길은 멀고 험하며 아무나 이룰 수 없는 불가능의 길은 결코 아닌 것이며, 그 길은 누구에게나 또는 언제나 활짝 열려 있는 숨어 있는 길이기도 합니다.

그 길은 걷고자 하는 열성적인 사람에게는 항상 가깝게 열려 있는 희망찬 길이라는 사실을 명심해야 되겠습니다.

학생 여러분, 이제 우리는 긴긴 겨울 방학에 들어가게 됩니다. 겨울잠을 자는 동물들에게는 동면의 달콤한 꿈을 꾸는 기간이겠지만, 우리에게는 자신을 개척하는데 유용하게 활용할 수 있는 좋은 기간이 되겠습니다.

우리 학교 학생들에게는 이 기간이 아무쪼록 자기 발전을 위한 최고의 보람된 기간이 되시기를 기원하는 바입니다.

교육칼럼

올바른 청소년 교육

가슴을 넓혀주는 감동 교육

훈화집

박춘길 지음

교육은 교육자의 손으로

노자의 말씀 가운데 '한 둘레의 나무도 털끝만한 씨앗에서 생겼고, 구층 누각도 한 줌의 흙이 있기 때문에 가능하다'라고 했습니다. 이 말은 교육에 인용하면, '교육'이 바로 한 알의 씨앗을 위해 썩어야할 거름이요, 씨앗을 움트게 하는 바탕인 것입니다. 또한 그 씨앗이 발아(發芽)하여 열매와 꽃을 피게 해야 할 뿌리인 것이고, 한 줌의 흙인 것입니다.

이렇게 보면 교육자는 교육과 더불어 썩고 묻혀야 되는 것이 연명(連命)이요, 사명(使命)인 것입니다. 그러기에 한나라의 기틀은 굳건히 세우기 위한 미래

지향적 교육의 틀이 필요하고, 교육자의 양식 또한 바로 되어야 하는 것입니다.

교육의 틀이 허술할 때 한나라의 장래는 불투명 한 것이고, 교육자에게서 절대적 운명과 사명의식을 기대하기 어려울 때, 교육자는 한낱 생계수단으로서의 직업인에 불과한 것입니다. 그런데 요즈음엔 교육자보다 더 큰 목소리를 내는 사람이 너무나 많습니다. 교육자 자신도 누가 진짜 교육을 담당하고 있는 사람인지 어리둥절케 하기 일쑤입니다. 교육에 관한한 그 직업이 무엇이든 자신의 교육방법이 최선인양 일가견을 피력하기 때문입니다. 그렇게 교육에 대한 소견들이 많은데도 어찌하여 교육적 병폐는 도처에 스며들고 있을까요.

교사를 112 신고로 범법자 취급을 하는 학생이 있는가 하면, 교실에서 교사의 머리채를 쥐어뜯는 학부모가 있습니다. 담임선생님을 바꾸어 달라는 어린꼬마의 안달이 있고, 교육과 교육자의 역할 수행을 경제 논리로 풀어야한다는 주장도 있습니다. 이러한 암담한 현실이 이 시간에도 갖가지 형태로 도처에서 전개되고 있는 것입니다.

그러나 소리 높여 교육을 부르짖던 사람들의 책임

진 목소리는 들어볼 수 없습니다. 교육자는 바로 이런 점에서 각성의 교훈을 찾아야 합니다. 교육자가 교육의 몫을 다하지 못했기 때문이라는 뼈를 깎는 自省 속에서, 그래도 교육은 교육자의 손으로 일궈내야 한다는 각오가 서야 합니다. 교육자가 언제 치부(致富)를 생각했고, 권세를 생각했으며, 안위(安慰)만을 생각했었던가요? 언제 교육자의 외길이 순탄하길 바랐던가요? 먼 옛날부터 그 시대 나름대로 어려움이 있었지만, 묵묵히 후진의 바른 길만을 염원하며 살아왔던 것이 교육자가 아니었던가요?

이 시점에서 교육자는 거듭나야 될 새 명제(命題) 속에 비장한 신념으로 교육에 임해야 합니다. 그런 점에서 교육을 교육자가 떠맡을 수 있는 교육방법에 관한 명확한 좌표(座標)가 있습니다.

그것이 바로 3無 3有의 실천교육(경기도 교육청 조성윤 교육감의 교육철학)인 것입니다. 즉 퇴학과 체벌과 폭행이 없는 교육이 바로 3無요, 사랑과 꿈과 대화가 있는 교육이 바로 3有인 것입니다. 폭력과 체벌이 없는 학교에서 교사와 학생의 밝은 대화로 꿈을 키우고 사랑을 살찌게 하는 교육이야말로 우리 모든 사람이 바라는 교육이요, 바로 그것이 미래의 국력을 키우는 교육이 아닐까요?

바로 이러한 아름다운 인성을 길러주는 교육 환경만이 학생의 개별성장을 기대할 수 있는 것이고, 학생으로 하여금 독창성을 발휘토록 하여 값진 미래를 창조케 할 수 있는 것입니다.

또한 이런 교육이 실천되는 학교만이 가정에서 느낄 수 있는 훈훈하고 포근한 感을 풍겨 학생이 길거리로 뛰쳐나가지 않도록 하는 참다운 학교인 것입니다. 그러므로 이 3無 3有의 실천과 같은 교육방법이야말로 이 시대의 교육을 떠맡아야할 우리 교육자들에게 충분한 답을 주는데 흡족하다고 보겠습니다.

그렇게 해서 얻어지는 그 수많은 보람된 일들을 위해, 교육을 우리 교육자의 손이 아닌 그 누구의 손에 의지하겠다는 말인가요?

껍질을 깨는 아픔 없이 병아리의 탄생이 있을 수 없고, 봄부터 소쩍새가 울어야 가을에 아름다운 국화꽃을 피운다는 신념으로, 참고 견디며 꾸준한 교육에 임해야 되겠습니다.

위대한 교육자의 길

이준 열사가 헤이그에 밀사로 파견되기 직전인 1907년 4월 20일 Y.M.C.A에서 <생존경쟁>이라는 제하에 행했던 연설 중에 '땅이 크고 사람이 많은 나라가 큰 나라가 아니고, 땅이 작고 사람이 적어도 위대한 인물이 많은 나라가 위대한 나라가 되는 것이다'라고 했습니다.

이 말에 비추어보면 지구상에는 땅이 크고 인구가 많아도 크지 않은 나라의 예는 많습니다. 어느 나라 어느 시대이건 위대한 사람은 태어나는 것이 아니라 기르는 것이기 때문에, 그런 일을 소홀히 하는 나라는 언제나 소인국으로 머문다는 뜻입니다. 그러므로 땅 크기에 관계없이 큰 나라를 만들기 위해서는 위대한 인물을 많이 길러내야 하는 것은 당연한 일입니다.

이렇게 위대한 사람을 기르는 일에 종사하는 사람이 바로 교육자입니다. 하지만 교육자는 위대한 인물은 아닙니다. 위대한 인물을 만드는 사람인 것입니다. 그러므로 교육자는 위대한 일을 하는 사람인 것이고, 교육자 자신이 먼저 웅대한 뜻을 품고 의연하게 활동을 할 때 그 열매를 기대할 수 있는 집념의 길입니다. 따라서 교육자는 이 원대한 일에 포부와 자존심을 걸어야 합니다.

더욱이 현대는 개방화, 국제화 시대입니다. 이 말 속에는 우리 모두가 이러한 세계적 조류에 낙오되면 영원히 낙오된다는 경고가 내포되어 있고, 생존을 위해선 그 시대에 적중한 인물을 계속 배출해야 한다는 절실한 요청이 담겨 있습니다.

한 나라의 교육이 그 나라의 존폐와 밀접한 관계가 있는 한, 교육자는 이러한 위대한 인물 창출이라는 시대적 부름에 교육자적 양심을 아낌없이 바쳐야 합니다. 이제, 이 시대의 교육은 교육자의 일방적 주입식 교육에 더 이상 안주할 수 없습니다.

더구나 단일 정답만을 요구하는 교육이란 오히려 학생의 개별 성장에 방해만 될 뿐이며, 위험천만한 일입니다.

교단 교사의 양식과 수업방식, 관리자의 인식이 과감히 바뀌어야 하고, 교육에 종사하는 모든 사람의 비전이 바뀌어야 합니다.

독특한 인격체인 학생은 소우주를 형성한 무한한 에너지 덩어리인 것입니다. 교육이 행해야 할 일은 바로 여기서 찾아야 합니다. 즉 소우주의 에너지 덩어리에서 사회건설에 유익한 개인의 독창적 요소를 개발시켜주는 일이 바로 그것입니다.

이러한 일은 일시에 일어나는 것이 아니고 꾸준하게 개발해야 할 창의력 신장에 두어야 하며, 그것이야말로 폭넓은 현대 사회가 요청하는 일이기도 한 것입니다.

이 시점에서 우리는 다원화 사회와 인간 개발의 무한성에 비추어 우리가 걸어온 일방적 길에 대한 냉철한 비판의 입장에서 이를 각성의 바탕으로 삼아야 합니다. 특히 어린 생명이 품고 있는 위대한 싹을 책임져야할 교육자에게는 더욱 그러합니다.

이 시대의 급변사회에 발맞춰 가야할 교육자는 자

신의 지식체계를 열정을 다해 전수하고, 그 결과에 대해 보상을 주는 '잘 가르치는 교사'가 아니라, 학생의 확산적 발상을 마음껏 수용하여 어린 싹에 내포되어 있는 잠재 가능성을 힘껏 펼칠 수 있도록 도와주는 '잘 배우게 하는 교사'입니다.

'잘 배우게 하는 교사'는 학생에게 예지와 통찰, 영감을 심어주는 '머리 교육'과 사랑과 대화 속에 꿈(경기도교육청 조성윤 교육감의 3유 실천교육)을 안겨주는 '가슴교육'을 동시에 태동시키는 교사인 것입니다. 이미, 새로운 세기의 여명은 밝혀졌습니다.

21세기를 주도할 창의력 있는 한국인(경기교육 Vision 21)도 이 '잘 배우게 하는 교사'에게서 태어날 것이고, 그러한 교육자의 길만이 위대한 교육자의 길이요, 그 길은 외롭고 힘들며, 험준한 길이기도 합니다. 또한 이 위대한 길은 정의롭고, 희생적이며, 무 보답적으로 이루어질 때, 그 진가를 발휘할 수 있는 길입니다. 그래야 이 위대한 길을 걸었다는 교육자 자신의 보람과 사회적 보람이 함께 상존할 수 있기 때문입니다.

어머니의 마음은 교육의 바탕

세계에서 최초로 공적인 교사가 국가에서 봉급을 받은 사람으로서 로마 시대에 퀸틸리안(Quintilian)이라는 사람이 있습니다. 그는 말하길 '새는 날도록 태어났고, 말은 달리도록 태어났으며, 사람은 배우고 이해할 수 있게 태어났다'라고 했습니다.

다른 동물들은 모두 기능이지만 사람은 머리와 가슴을 강조하고 있습니다. 즉 인간은 배워서 이해하고 행함으로써 인간답게 성숙한다는 뜻입니다. 배우고 이해하는 데는 가르침이 필요합니다. 인간에게 최초로 가르침을 주는 사람은 말할 것 없이 어머니입니다.

태교는 그만두더라도 인간의 모든 개발이 완숙 때까지 그 교육의 바탕은 어머니인 것입니다. 그래서 어머니는 마음의 고향이요, 가장 편안한 안식처인 것입니다.

수많은 노래의 가사에도 어머니의 많이 나오지만 아버지는 별로 나오지 않습니다. 아버지가 나오는 가사에는 기껏해야 '아빠하고 나하고 꽃밭 만드는'데에 나오고, '나귀 타고 장에 갔다 오며 술 한 잔 들고 맴맴'하는 데에 등장합니다.

이것만 보아도 모든 인간의 마음속에는 아버지보다 어머니가 얼마나 더 크게 자리하고 있는지를 알게 해 줍니다. 그 만큼 어머니의 자녀 사랑은 큰 것이며, 그 사랑만큼 더 큰 교육적인 힘도 없는 것입니다.

힘이 크다는 것은 그 만큼 영향력도 커서 자녀의 모든 것을 좌우 할 수 있는 근원이라는 뜻입니다. 그러므로 어머니는 이 세상에서 가장 위대한 원초적 교육자입니다.

위대한 교육자는 위대한 마음을 품고 위대한 시야를 가진 자의 몫입니다. 이 몫은 자녀의 원초적 교육을 담당한 어머니에게는 더욱 절실한 몫입니다. 자녀의 됨됨이는 어머니가 품고 있는 '마음'에 따라 성장

합니다.

학교에서 아무리 좋은 교육을 행한다 해도, 가정에서 어머니가 그렇지 않으면 자녀는 어머니의 마음에 쉽게 젖어버립니다. 버스 속에서 자녀에게 자리를 지키도록 사랑만 주는 어머니의 마음은 웃어른에 대한 존경심을 지워버리고, 목욕탕에서 물장구를 치도록 내버려두는 어머니의 마음은 공중도덕을 지켜야 된다는 학교 교육을 무력하게 만듭니다.

자녀 사랑이 지나쳐 학교 교사를 폭행까지 하는 어머니의 강력한 마음은 자녀의 인간다운 성장을 멈추게 하고, 아버지의 가부장적 권위를 무시하는 어머니의 마음은 어버이에 대한 효심의 싹을 잘라버립니다.

그러니 어머니의 마음이야말로 모든 교육을 초월한 '자녀의 정확한 거울'이라는 사실이 과언일까요?

동물에게도 새끼를 잘 기르려는 어미의 마음에 관한 독특한 방법들이 있습니다. 독수리는 강력한 새끼를 키우기 위해 새끼들끼리 싸움을 시켜 살아남은 자를 기르고, 호랑이는 벼랑에서 새끼를 떨어뜨려 일어서는 자만 기릅니다. 인간이 보기에는 잔혹한 점이 있겠지만, 그들 나름대로의 강력한 새끼 기르기에 대한 지혜는 찬양할만합니다.

자녀를 강하게 기르기 위해서는 어머니의 마음이 먼저 강해야 합니다. 또한 진정 자녀를 사랑하는 마음은 자녀가 잠시동안 치르게 되는 고통속에도 함께 자리할 수 있어야 합니다. 자녀에게 편안함과 풍족감만을 안겨주는 어머니의 마음은 크고 원대한 꿈을 지닌 강한 자녀의 길을 막고, 자녀 일을 대신 행해주는 어머니의 마음은 자녀의 '자기 주도력 향상'을 억제하고 있을 뿐입니다.

적당한 실패감으로 제기의 강한 의지를 심어주고, 적당한 부족감으로 풍요를 맛볼 수 있는 여유를 안겨주며, 가끔은 힘겨운 역할 부여로 자신감을 키워나가도록 해야 합니다. 이런 어머니의 마음은 고도의 훈련을 요하는 것도 아니고, 더구나 고등지식이 필요한 것도 아닙니다.

단지 어머니의 마음속에 이기적 자녀 사랑을 버리고, 사회구조의 일익을 담당할 공인을 기른다는 신념이 필요한 것이고, 이 마음이 바로 교육의 바탕이 되어야 하는 것입니다.

잘못된 청소년은 기성인 책임

우리는 물을 떠나 살 수 없습니다. 우리 몸의 70% 이상이 물로 되어 있기에 하는 말만은 아닙니다. 물이 없는 생활의 불편함이란 두 말 할 필요가 없습니다. 그러나 그렇게 생명의 은혜로운 물이 홍수로 변했을 때 그 보다 무서운 기물 또한 없을 것입니다.

그러면서도 물은 무한한 에너지를 가지고 있습니다. 그런 에너지를 얻기 위해서는 수로를 어떻게 만드느냐에 달려 있습니다. 식수를 위해선 수도 파이프로, 전기를 위해선 터빈으로 , 농업용이 되려면 농수로를 만들도록 해야 합니다.

청소년도 마찬가지입니다. 에너지 덩어리인 청소년이 어떻게 투사되느냐에 따라 그 결과는 극과 극이 될 수 있습니다. 바로 이 일이 기성인의 몫인 것입니다. 혹자는 이 일을 부모나 교사에게만 책임 지우지만 그것은 계속 변화하는 현대의 시대상에 너무 무책임한 생각입니다.

육칠십년대만 해도 청소년들에 대한 기성인들의 관심은 대단했었습니다. 그 때의 기성인들은 청소년들 모두는 내 자식, 내 형제인 양 지도에 책임을 다했습니다. 그런 탓으로 어른 앞에선 피던 담배를 멈췄고 싸움을 피했습니다. 기성인에게서 불호령이 내렸기 때문입니다.

그러나 오늘날은 어떠한가요? 기성인을 무서워할 청소년이 어디 있으며, 그릇된 청소년을 훈계해 줄 기성인 또한 어디 있단 말인가요? 서로가 개 닭 보듯 지나치기 일쑤입니다. 그런 일은 가정에서도 마찬가지입니다. 서로가 바쁘게 살다보니 가족끼리도 관심을 갖고 살아 갈 시간이 없습니다.

얼굴 대면조차 힘들 지경이기 때문입니다. 어쩌다 함께 하는 시간이 있어도 TV가 가로막아 대화의 절벽을 이룹니다. 이런 대화의 단절 속에 청소년은 기성인의 눈길을 벗어난 지 오래입니다.

즉 오늘날의 청소년들은 잡초처럼 제 멋대로 자라고 있는 것입니다. 풍요로운 물질문명 속에서 사상들을 제멋대로 수집하고 제 멋대로 편집하여 각자 재현하기에 이르렀습니다.

이제 기성인의 설 자리를 찾아야 할 때입니다. 그 자리는 잃어버린 자리를 다시 찾을 뿐, 전혀 새로운 자리는 아닙니다. 그 자리에서 할 일이란 청소년의 무한한 에너지가 흐를 수 있는 수로를 터주는 것입니다. 그 수로의 길은 고함과 채찍이 아니고, 억압과 고통 또한 아닙니다. 고함과 채찍 뒤엔 일시적, 맹목적인 순종만이 있을 뿐입니다. 억압과 고통 뒤엔 분노와 가식만 존재할 뿐입니다. 오로지 필요한 것은 '관심'입니다.

관심을 갖되 사랑과 질책을 함께 줘야 합니다. 가시 돋친 선인장에 물 주듯 관심을 줘야 합니다. 건강한 선인장을 위해선 물을 흠뻑 준 다음 얼마간 건조시켜야 합니다. 매일 물을 준 선인장은 썩어버릴 것이요, 계속 주지 않으면 결국 고사할 것입니다. 청소년도 마찬가지입니다. 살아만 준다면 과잉보호로 병들 것이요, 계속 질책만 한다면 정서불안, 애정결핍으로 병들고 말 것이기 때문입니다.

아울러 청소년을 보는 눈을 바르게 가져야 합니다. 전체만 봐도 안 될 것이요, 부분만 봐서는 더더욱 안 될 것입니다. 왜냐하면 청소년에겐 무한한 잠재력이 내재되어 있기 때문입니다.

나무를 베러 산에 가는 사람에겐 그 편견에 따라 나무가 달리 보이는 법입니다. 기둥감을 찾는 사람에겐 반듯한 나무가, 관상용을 위한 사람에겐 많이 구부러질수록 아름답게 보일 것입니다. 따라서 기성인의 편견은 청소년 개개인의 개성과 특성을 키울 수가 없습니다. 이 편견은 군인이 될 재목을 의사로, 음악가가 될 재목을 건축가로, 일류 법률가가 될 재목을 범죄인으로 만들 수도 있습니다. 이 얼마나 기성인의 큰 우(愚)가 될 수 있단 말인가요?

거리의 청소년은 사회라는 큰 건물 속의 벽돌 한 장씩인 셈입니다. 따라서 하나의 청소년은 공동사회 차원에서 너무나 중대합니다. 그 중대한 벽돌을 제자리에 쌓기 위해 기성인들은 '관심'으로 청소년을 키워야 합니다.

학교교육은 지성교육이다

그늘에서 자란 콩나물은 꽃도 피지 않고 열매도 맺지 못합니다. 메마른 땅에서 햇볕을 받고 온갖 비바람과 싸우며 주변 잡초와 해충에 시달리며 자라야만 수십 개, 수백 개의 열매를 맺을 수가 있습니다.

불우한 가정환경 속에서 젊은 나이에 청각까지 잃어버렸던 베토벤은 한 때 자살도 결심했었습니다. 그러나 예술에 대한 정열과 어머니에게 배운 꿋꿋한 의지력을 바탕으로 가혹한 자신의 운명에 도전하여 끊임없이 노력한 결과 음악의 성인이 되었습니다.

이렇게 역경과 싸워 승리한 성스러운 예들은 주변

에서 항상 우리에게 교훈을 던져주고 있습니다. 그러나 우리는 그것을 하나의 이야기 거리로만 여기고 지나치는 경우가 대부분입니다.

우리의 삶이란 결국 나를 둘러싸고 있는 주변 환경과의 싸움이요, 끊임없이 이어지는 나 자신 속의 의지와의 싸움인 것입니다. 그러기 때문에 좋은 환경 속에서 시련 없이 자란 사람은 조금만 어려워도 해결하려는 노력보다는 쉽게 포기해 버리는 습성이 생김으로써, 인생 전체를 망쳐버릴 수도 있습니다.

오늘의 청소년들이 그 꼴입니다. 일반적으로 너무 좋은 환경에서 부러움 없이 살아가는데 문제가 있습니다. 즉 그들은 아무 노력 없이도 먹을 것, 입을 것, 편리한 용품들을 손에 넣을 수 있습니다. 그러면서도 부모들은 불편한 점이 더 없는지, 또한 더 편하게 할 수 없는지를 살펴주고 있는 것입니다. 그러니 오늘날의 청소년들이야말로 방안에 있는 콩나물과 무엇이 다르겠는지요.

모든 생물은 적절한 시련을 겪을 때 스스로 해결능력을 키우는 법입니다. 하물며 인간일진데, 부모들이 진정으로 물려줘야 할 유산이란, 바로 청소년들의 내면세계를 튼튼히 할 수 있는 적절한 시련일 것입니다.

그것만이 청소년들에게 평생 필요한 무기이기 때문입니다. 이러한 요소들이 바로 학교 교육활동 속에 들어 있는 것입니다.

청소시간에 자신이 맡은 몫을 완수하는가 하면, 체육시간에 땀을 뻘뻘 흘리며 게임에 정정당당하게 임하고, 교실에서 다소곳이 앉아 독서로 마음을 살찌우며, 친구의 어려운 사정을 내 일처럼 도와주는 아량 속에 존재하는 것입니다.

청소년들은 바로 이런 과정에서 발산적이고 열린 사고력을 키우게 되는 것이고, 자신의 삶을 개척하는 데 진정으로 필요한 지혜를 터득케 되는 것입니다. 따라서 부모들도 가정에서 자녀들에게 적절한 역할을 주고 그 활동을 애석하게만 여길 것이 아니고, 장차 홀로 서기를 염두에 두고 어려움을 감내시킴이 필요합니다.

인생이란 자신과의 싸움에서 참을성 있는 사람만이 독특한 일을 창조할 수 있는 것이고, 그 방면에서 최고의 결실을 거둘 수 있는 것입니다. 그런데 이렇게 중요한 원초적 마음의 터전을 가꾸는 곳이 바로 학교 교육인 것입니다. 그런 의미에서 학교교육이야말로 지성교육인 것이며, 다른 어느 교육보다 중시해야 할 이유가 있다는 것입니다. 그런데도 부모들은 사설기관이든 가정교사 과외이건 간에 청소년의 머리 속에 지식만 쌓는데 열정을 쏟고 있다는 것은 문제가 아닐 수 없습니다.

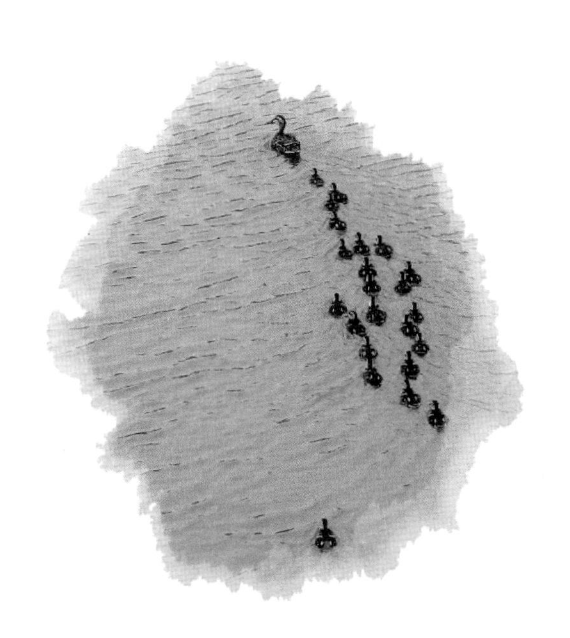

가슴을 넓히는 교육

이 세상에 수많은 일 중에서 인간을 기르는 교육에 종사하는 일보다 더 보람 된 일은 없습니다. 교육에 종사하는 일이란 어떤 이득을 얻기 위한 일도 아니요, 또한 어떤 반대급부를 바라는 일도 아닌데도 그렇습니다. 단지, 바람이 있다면 우리 후대들을 보다 훌륭하게 가르쳐 인간사회가 보다 값지고 보람되며, 발전적인 사회가 되도록 하는데 있습니다.

이것은 누구나 바라고 있기 때문에, 교육은 모든 사람들의 관심을 떠나 생각할 수 없는 일인 것이고, 교육하는 일 또한 다른 어떤 일보다도 명예롭고, 큰 긍지와 자부심을 느끼는 일이며, 그 어느 직종에도 비교할 수 없는 귀하고 숭고한 일인 것입니다.

교육은 정성으로 키워야할 나무와 같습니다. 때에 알맞게 물을 줘야하고 가지치기는 물론 영양을 공급해야하며, 햇볕이 들도록 돌봐야 합니다. 또한 물 빠짐을 돌보고 병충해를 방제해야 합니다. 이 중에 한 가지라도 소홀하다면, 그 모습은 하루 아침에도 참담한 꼴로 변할 수 있는 것입니다.

교육에서도 마찬가지입니다. 시의적절한 감동과 지식 공급, 포용과 발산, 예지의 통찰력 그리고 메마르지 않는 사랑과 관심을 화분에 물 주듯 알맞게 줘야합니다.

그런데 이 중에서도 사랑과 관심은 식물에게 있어 따뜻한 햇볕과 같습니다. 왜냐하면 이 햇볕 속에는 정성과 아량이 녹아 있기 때문입니다.

청소년들의 잠재력은 이 햇볕 속에서 부화하고, 그 양에 따라 표출되는 독창성이 다릅니다. 그러므로 여기에서 교육이 할 일을 찾아야 합니다. 즉 각자의 재능을 살리지 못하고서는 교육이 제 역할을 다했다고 볼 수 없기 때문입니다. 그런데 이런 재능 표출 교육은 머리를 키우는 지식 교육보다 마음을 키워주는 가슴교육에서 더욱 가능한 것입니다.

대부분의 부모들은 자녀가 공부 잘 하기를 바라고 있습니다. 이런 부모 중에는 개성이나 재능보다는 지식교육만 강조하는 부모가 있습니다. 그러나 이러한 지식기반 위에는 반드시 바른 심성이 겸비되어야 사회에 덕을 베풀 수 있는 인간이 탄생되는 것입니다.

왜냐하면 더불어 사는 삶 속에서 개인의 성공만을 위한 사회는 경쟁만이 존재하는 삭막한 사회가 될 것은 뻔한 일이기 때문입니다.

이때 사용되어진 지식은 성공을 위한 도구 외에 다른 의미가 없는 것이며, 마치 부엌칼이 어머니의 손에 들려 있으면 맛있는 음식물을 창조하지만, 강도에게 들려 있으면 무서운 흉기가 된다는 사실과도 같은 것입니다.

그래서 교육 현장에서는 가슴 교육을 가장 강조해야 하는 것입니다. 그리고 이러한 가슴 교육은 학생의 개성과 인격을 최대한 존중해 줄 수 있는 교육풍토에서만 가능한 일입니다.

지식을 전수한다는 사명아래 학생 정서를 이해할 수 있는 갖가지 체벌이나, 모독적인 발언은 차라리 교육이 없는 편이 나은 것입니다. 그래서 한 고귀한 인간으로서의 학생을 위해 학교에서는 선생님이, 가정에서는 부모형제가, 사회에서는 기성세대들이 다정한 대화를 통하여, 사랑을 듬뿍 주고, 어린 싹의 꿈을 마음껏 키워줄 수 있는 풍토를 조성해줘야 합니다.

그것이 바로 가슴을 키워주는 교육인 것이고 그렇게 함으로써, 우리 청소년들은 밝고 명랑하며 포부가 가득한, 그리고 폭넓은 시야가 넓게 트인 청소년들로 성장되어, 우리의 내일을 밝게 빛내 주리라 굳게 믿는 바입니다.

생애를 틔우는 감동교육

우리는 일상생활을 살아가면서 수많은 사람과 만납니다. 그 수많은 사람들은 나에게 직간접적인 의미를 남겨주고, 이 의미들이 바로 나를 존재하게 해줍니다.

아무 관계없이 지나치는 사이인데도 우리는 무엇인가 주고받는 것이 있습니다. 좋은 일에서 받는 감화는 물론, 좋지 못한 일에서 얻는 불쾌감까지 그 형태는 다양합니다. 그런데 이러한 감화나 불쾌감은 우리들의 일상생활을 이끌어 가거나, 행동수정을 일으키는데 결코 무관치 않습니다. 어느 면에서는 불특정다수에게서 이렇게 얻어지는 교훈과 교육이야말로 계획적으로 짜여진 교육에서 얻는 것보다 더 영향을 받을 수도 있습니다.

학교 교육에서도 마찬가지입니다. 교과교육이나 일련의 잘 형성된 교육과정 속에서보다는 우연하게 이루어지는 어떤 일이 커다란 획이 되어 생애를 트이게 하는 예를 우리는 많이 찾아 볼 수가 있습니다.

그러나 이러한 우연인 것처럼 보이는 일 속에는 대부분 획기적인 사실 하나가 들어있기 마련입니다. 즉 어떤 큰 감동을 일으킬만한 계기가 들어있는 것입니다. 그 감동은 바로 그 사람의 일생일대를 좌우할 수 있는, 또는 대변혁의 돌풍을 일으킬 수 있는 것이어서 강력한 인상으로 영원히 살아 있을 수도 있고, 평생을 함께 하는 직업으로 머물게 할 수도 있습니다.

<TV는 사랑을 싣고>라는 '보고 싶은 사람을 찾는 프로그램'이 있습니다. 이 프로그램에서 보고 싶은 사람을 찾는 유형은 대개 서너 가지입니다. 어렸을 때 친하게 지냈던 친구를 찾는 경우가 있고, 군대나 사회에서 함께 지내다 강한 그리움을 남기고 헤어졌던 경우가 있습니다.

그러나 시청자에게 뜨거운 가슴을 느끼게 하는 경우는 스승과 제자가 상봉하는 경우입니다. 그런데 그

때의 스승이 어떤 스승이냐 하는 것이 우리에게 깊은 교훈을 주는 부분입니다. 흔히 말하는 실력 좋은 선생님으로서 많은 양의 공부를 가르쳐준 선생님일까요? 또는 회초리를 들고 열심히 가르쳤던 무서운 선생님일까요? 그렇지 않으면 학생사회에서 인기의 정상에 있었던 선생님일까요?

그러나 이러한 선생님은 오래도록 기억은 될지언정 몇 년씩 흐른 다음에 찾을 만큼 그렇게 마음을 사로잡지는 못하는 것 같습니다. 적어도 TV라는 대중매체에 나와서 공개적으로 찾는 스승은 그만한 까닭이 있습니다. 쉽게 말하면 어린 가슴속에 영원히 살아있는 스승을 찾는 것입니다. 이 영원히 살아 있는 스승상은 어떤 순간, 또는 어떤 기간에 큰 감동을 받았기 때문에 형성된 것이며, 이 감동이 바로 오늘의 자신을 생성할 수 있는 원동력이 되었기 때문입니다.

초등학교에서 고등학교 또는 대학까지 지내는 동안, 만났던 그 수많은 선생님 중에서 이렇게 학생의 가슴에 시의적절(時宜適切)한 감동을 심어주었다는 것은 간단한 일이 아닙니다. 그러나 그 길은 어렵거나 결코 힘든 일은 아닙니다. 지나가다 머리를 쓰다듬으며 무심코 한 말 한마디가 감동을 줄 수도 있고,

울고 있는 아이에게 가까이 다가가 손수건으로 눈물을 닦아주며 위로의 말 한마디가 감동을 일으킬 수도 있습니다. 또한 이 감동은 클 수도 있고 작을 수도 있으며, 선생님 자신이 알 수도 있고 모를 수도 있습니다. 단지 분명한 것은, 감동어린 인간미가 깊이 오갔다는 사실입니다.

즉, 선생님의 사랑에 찬 관심이 학생의 삶에 희망과 용기를 주어 생의 활로가 확 바뀌어진 경우인 것입니다. 이처럼, 생애를 위한 감동교육이란 어떤 형태와 조건 속에서 뿐 아니라, 언제 어디서 학생에게 어떻게 감동을 일으켜 주느냐에 따라 학생의 삶에 대한 개척의 방향이 결정될 수도 있는 것입니다.

교육자는 자신의 일거수일투족 하나가 학생에게 지대한 영향을 줄 수 있는 교육행위란 것을 일깨울 필요가 있습니다.

이제, 이 시대에 사는 교육자는 현재의 학생들이 20년 후에도 <TV는 사랑을 싣고>라는 프로그램이 존속한다면, 거기서 기꺼이 찾아질 수 있는 스승이 될 수 있도록 어린 학생들에게 감동을 심어주는 일을 게을리 해서는 안되리라 믿습니다.

啓發敎育에 힘써야 한다

이제, 21세기와 더불어 새 천년의 여명은 바로 선 교육으로 밝혀야 합니다. 따라서 앞으로 다가오는 모든 나날은, 다른 어느 것보다도 무거운 교육적 책임감 속에 우리 교육을 생각해야 할 때라고 봅니다.

그래서 우리는, 우리 교육이 걸어온 지금까지의 길을 다시 한 번 살펴보고 또 우리 교육이 앞으로 나아가야 할 방향도 자명하게 밝혀봐야 한다고 생각합니다.

교육은 '국가 백년지 대계의 초석'이라는 말을 구태여 빌리지 않아도, 우리나라 사람들의 교육에 대한 열의는 다른 나라 사람들이 깜짝 놀랄 만큼 대단히 큰 것이 사실입니다. 이것은 우리의 통념 속에 흘러나오는 말로써, '나는 못 배웠어도 자식만큼은, 또는 아우만큼은 잘 가르쳐야 된다'는 정신이 자연스럽게 배어 있는 모습에서 잘 엿볼 수 있습니다.

결국 이런 정신이 일제 36년간의 긴 속박 생활과 6·25한국전쟁의 폐허를 겪고서도 오뚝이처럼 쉽게 일어나 세계인이 부러워할 만한 국력을 신장시킬 수 있는 발판이 되었다고 보겠습니다. 그러나 불행하게도 너무나 급성장을 하다보니, 도중에 IMF 구제 금융과 같은 국가적으로 어려운 시기를 맞아 아직도 그 탈을 벗지 못하고 있는 점도 있고, 인터넷과 같은 전혀 새로운 차원의 문화적 괴리로 인하여 수 천년동안 정으로 맺어온 우리사회의 도덕적 몰락을 자초하고 있기도 합니다. 더구나 일부 몰지각한 사람들의 교육에 대한 경제논리 적용은 교육의 뿌리 자체를 흔들만큼 교실 붕괴를 초래하고 있는 것도, 오늘날 우리가 처해 있는 심각한 현실이 아닐 수 없습니다.

그러나 바로 여기에 우리 교육이 할 일이 있는 것입니다. 즉 이 모든 것을 풀 수 있는 것이 바로 교육의 힘이요, 교육만이 국민을 강하게 기를 수 있는 밑거름이 될 수 있는 것이기 때문입니다. 그래서 새로운 천년의 세대를 열어갈 교육은 지금까지의 교육과는 분명히 달라야 합니다.

지금까지 교육은 무지(無知)에서 지(知)를 깨우쳐 주는데, 제1차적인 교육의 사명이 있었습니다. 그러나 앞으로의 교육에서는 깨우치는 교육만으로는 부족한 교육이 되는 것이며, 창의를 바탕으로 한 계발 교육(啓發敎育)이 되지 않고서는 교육으로서의 가치가 없는 것입니다.

여기서 말하는 계발교육이란 학생의 창의를 북돋아서 학생 스스로가 자신의 지식 세계를 파헤쳐 나갈 수 있도록 조장시켜주는 교육인 것입니다. 그러기 위해서 학생들에게는 '잘 배우게 하는 교육'이 필요합니다. 따라서 '잘 가르치는 교육'과 '잘 가르치는 교사'는 이제 더 이상 교육적 역할을 다할 수 없는 것입니다. 오히려 학생들의 퇴보만을 조장할 뿐입니다. 이제 교육의 내·외적 요소는 학생의 독창적인 능력을 최대한으로 펼치는데 부수적 바탕이 되어야 합니다.

즉 다시 말해서 교육이란 학생의 학습을 위한 온상의 틀로서 역할을 수행해야 된다는 뜻입니다. 그래서 학생이 스스로 배워 그 움을 틀 수 있도록 온도를 맞추어 주고, 필요할 때에 물을 주며, 적기에 건사하여 자기 능력과 적성대로 자랄 수 있도록 도와줘야 하는 것입니다. 그래야만 변화무쌍한 세계에 대하여 대처할 능력을 갖춘 독창적인 학생을 기를 수 있는 것입니다.

우리가 지금까지 치중해왔던 '잘 가르치는 교육'에서는 일방적이며 주입식 학습이 주가 되어 왔으나, '잘 배우게 하는 교육'에서는 개별적, 능동적인 교육활동이 주가 되므로, 학생 개개인이 자기 성과를 직접 보고 느끼고 개선토록 하는 것입니다.

그러므로 학생의 사고(思考) 하나하나가 존중되어야 할 학습 요소이고, 학습해야할 단위인 것이며, 그것을 위해서 모든 교육적 제 활동이 뒷받침되어야 한다고 봅니다.

지금껏 그랬듯이, 앞으로도 사회를 선도할 질 높은 교육만큼은, 기필코 우리의 손으로 이룩하겠다는 절실한 사명이 살아 있는 한, 교육의 전망은 밝으리라 믿습니다.

청소년에게 올곧은 심성을

우리의 미래를 위해서도 청소년을 잘 길러야 합니다. 그런데 폭력적 언행, 성적문란, 기존문화의 거부 등 청소년들의 정서가 심상치 않습니다.

요즘 청소년들의 머리속에는 너무도 많은 것들이 들어차 있습니다. 청소년들이란 알아야할 것을 몰라도 문제되지만, 몰라야할 것을 너무 잘 알고 있을 때 문제는 더욱 심각해집니다. 즉 새로운 사실을 먼저 가슴으로 받아들여 자신의 새로운 창의력으로 재생산하기보다는 알지 않아도 될 갖가지 정보를 머리만으로 입수하여 제 멋대로 판단, 편집, 재현하는데 문제가 있습니다.

여기엔 부모들의 이기적 사랑이 한 몫을 했습니다. 부모들은 청소년을 너무 풍족하고 귀하게만 키웠습니다. 이것은 청소년에게서 노력과 열성의 싹을 잘랐고, 타인이야 어떻든 내 만족만 채우는 에고이즘적 사고방식을 형성시켰습니다. 지금 사회에는 청소년들이 받아들일 모델이 없습니다. 학교에서의 공교육도 사회의 부정적 흐름에 노출되었을 땐, 모방과 답습이라는 강력한 흡입력에 의해 흔적 없이 사라져 버립니다. 공교육이 무너지는 이유 중 하나가 바로 여기에 있습니다.

하지만 지금은 서로 탓할 때가 아니고, 합심해 풀어가야 합니다. 그 해법 중 하나가 바로 청소년의 가슴을 키우는 교육에 전념해야 하는 것입니다. 고가의 화분 속에 화초는 적당한 물(사랑)을 준 다음 바싹 말려야(극기) 건강하게 자라는 법입니다.

마찬가지로 사랑만 받던 청소년들은 적절한 극기와 절제가 있어야 사랑의 고귀함을 느낄 수 있습니다. 또한 뙤약볕에서 일하는 고통 속에서 땀방울의 고귀함도 알 수 있고, 부족 속에서만이 귀하고 소중함을 느낄 수 있습니다.

이런 과정에서 청소년들은 자신의 생활을 건전하게 구미는 방법과 타인의 생활에 보람을 안겨 줄 수 있는 따듯한 가슴을 키울 수 있는 것입니다. 이제 청소년의 무한한 가능성과 에너지의 물고를 잡아줘야 합니다. 왜냐하면 그 방출 방향에 따라 결과는 정반대 현상을 낳을 수 있기 때문입니다.

즉 이것이 가슴으로 방출될 땐, 긍정적인 뜨거운 정열로 사회발전에 기여하는 에너지가 되겠지만, 머리만 굴려 즉흥적인 흥미와 교묘한 부정적 수단으로 전개될 땐, 문제의 심각성은 걷잡을 수 없는 것입니다.

이제 청소년의 가슴에 무조건적인 사랑이나, 또는 냉대와 무관심의 입장에서 감화와 감동을 줄 수 있는 절제 교육이 절실히 요구되는 때입니다. 그것은 가정과 학교와 사회에서 함께 체험적으로 이루어져야 하는 것이며, 이때 청소년은 바르게 성장할 것이고, 나라의 장래 또한 밝으리라 믿습니다.

선생님이 차지하는 아름다운 자리

세상엔 수많은 직종이 있고, 그에 종사하는 사람 또한 나름대로 바람이 있습니다. 어떤 사람은 날씨가 계속 궂기를 바라고, 어떤 사람은 날씨가 계속 가물어야 이득을 얻습니다. 어떤 사람은 사건 사고가 많이 나기를 바라는가 하면, 병마가 많이 나돌수록 신바람이 나는 사람도 있습니다.

이처럼 직종에 따라선 다른 사람의 불행에 편승함으로써 자신의 이해관계가 결정되고, 존재 가치가 값을 발하는 경우가 있습니다.

그러나 선생님의 바람은 오직 제자에 대한 아름다

운 생각뿐입니다. 자식 질투하는 부모가 없고 제자 질투하는 스승 또한 없듯이 오직 제자가 스승보다 낫기를 바랄 뿐입니다.

물론 선생님이라는 자리에 있으면서도 사회의 지탄을 받아 마땅한 경우도 있습니다. 이는 푸른 논의 잡초와 같고, 우리 몸의 암세포와 같습니다. 푸른 논의 잡초 몇 개는 푸른 논을 망가뜨릴 수 있고, 암세포 한 개는 건강한 인체를 몰락시킬 수 있기에 바로 여기에 교육적 고민도 있습니다.

그러나 대부분의 선생님은 역시 고귀하고 아름다운 자리를 차지하고 있습니다. 인간을 기르는 선생님의 마음속에 아름다운 마음이 없다면 교육이 이루어질 수 없고 이루어진다 해도 가식만이 가득 찬 교육일 것입니다.

인간의 마음속에 내재되어 있는 수많은 불순물들을 녹이는 데는 아름다운 마음만이 가장 순수한 처방이 될 수 있습니다.

그런데 요즈음은 선생님보다 더 교육을 잘 아는 사람이 너무 많습니다. 자기가 살아온 직업적 경험에 비추어 선생님의 자리를 논하고 해석하고 교육의 방향을 서슴없이 결정짓습니다.

선생님이 베푸는 교육 속엔 깊은 고뇌에 찬 애환이 들어 있음을 알아야 합니다. 따라서 그런 값진 마음이 없이는 선생님의 자리가 행하는 교육을 논해선 안 됩니다. 이 말은 적어도 교육을 말하려거든 자신의 마음속에 인간을 기르는데 필요한 아름다운 품성이 먼저 깃들여 있는 지를 살피라는 이야기입니다.

예나 지금이나 선생님이란 직업적인 지식 전달자가 아니라, 사람을 만드는 자리입니다. 그만큼 사회적 책임도 큰 것이며, 세상을 새롭게 창조해 가는 자리입니다. 망가진 경제를 살리는 데는 경우에 따라선 불과 수년이면 되겠지만, 망가진 교육과 환경을 회복시키는 데는 세기에 걸쳐도 장담할 수 없는 것입니다.

따라서 선생님이 차지하는 아름다운 자리를 곱게 지켜 갈 수 있도록 하기 위하여 일시적이고 무책임한 군소리는 배제되어야 합니다. 그것만이 교육을 제자리에 돌려놓는데 필요한 제 일차적 요소입니다.

인터넷 광장 이대로 좋은가

현재 우리는 가공할만한 세상 속에서 세찬 변화의 속도감조차 느끼지 못하고 살아가고 있습니다. 생활은 어제가 옛날인양 나날이 편리해지고 새로운 문명의 이기는 그 이름조차 알지 못할 만큼 그 수가 늘고 있습니다. 그러나 그 편리성에 못지않게 피해 또한 만만치 않은 것이며, 나중에 보면 그 문명의 이기에서 발생한 피해를 우리 자신이 온통 감당해야 할 경우가 많습니다.

자동차의 편리함이야 이루 다 말로 할 수 없지만 그 매연은 우리를 병들게 하고 있고, 각종 인스턴트식품

중에는 우리 식생활 문화에 커다란 획을 그을 만큼 시간과 노력을 절약해 주었지만 각종 불순물들을 우리 몸속에 쌓아 주고 있습니다.

이러한 것들 중엔 인터넷 광장 또한 빼놓을 수 없는 양면성을 지니고 있습니다. 이것은 우리 생활에 형용할 수 없이 큰 변화를 준 반면, 때때로 공개 재판의 장(場)이 되고 있습니다. 그 장이 건전한 토론의 장이 되었을 땐 사회 발전에 지극히 공헌할 수 있겠으나, 어떤 사안, 특히 개인의 인격이나 행위가 완전 노출된 채 이 사람 저 사람이 논고(?)를 벌일 때는, 재판관도 없는 법정에 출두한 검사들과도 같습니다. 그런데 그 논고 속에 문제가 있습니다.

즉 여기에서 무엇이 참이고 거짓인지도 모르는 사이에 한 인간의 사회적 지위가 그대로 매장될 수도 있고, 하루아침에 자신도 모른 채 영웅이 될 수도 있기 때문입니다. 또한 논고를 펼치는 사람들은 더할 나위 없이 올바르고 검증 받은 사람인양 행세를 하고, 그렇지 않은 사람은 자신의 소리도 내지 못하는 변변치 못한 사람처럼 보여지기도 합니다.

여기에 부수되는 여론도 각양각색으로 이뤄지며, 장난기 섞인 사투리와 엉터리 구사도 명문장의 판결

문처럼 행세를 합니다. 그러므로 이 인터넷 광장에 일단 오르게 되면 불분명한 것도 분명한 것처럼 비춰지고, 개인적인 의견도 다수인의 의견인양 인정을 받습니다. 사람 평가에서도 좋은 점보다는 나쁜 점만, 그것도 자신이 재평가와 확대 해석을 달아 버젓이 공개 재판에 회부됩니다.

지금 곳곳과도 통할 수 있는 이 편리한 인터넷광장을 과연 이렇게 활용해도 될 것일까요.

내 주변만 해도 이 광장 덕분에 소리 없이 명예가 실추된 다음, 허공에 대고 신세타령만 하며 죗값(?)을 당당히 치르고 있는 사람이 한둘이 아닙니다. 우리가 발달시킨 문명에 당하는 고통이 이렇게 크다면 오히려 그 전이 훨씬 행복하지 않을까 생각해봅니다.

모든 물질문명 발달은 그것을 활용하는 사람들에게 똑같은 양의 정신문명 발달을 요구합니다. 그렇지 않고서는 그것의 진가(眞價)를 발휘할 수가 없습니다. 이것은 마치 부엌에서 어머니가 잡은 칼은 맛있는 음식을 창조할 수 있는 반면, 그것이 강도의 손에 들려있으면 무서운 흉기가 된다는 사실과도 같습니다.

편리한 문명의 이기는 말 그대로 이롭고 편리하게 활용되어야합니다. 그러기 위해선 이 인터넷 광장의 이용도 재고되어야 합니다. 여기에 어떤 의견이나 주장을 제시할 때는 자신을 드러내놓고 펼침이 옳습니다. 누구를 음해(陰害)하거나 무고하지 않고 정정당당하다면 구태여 숨어서 의견만 제시할 필요가 없지 않겠는가?

아울러 이 광장을 접하는 편에서도, 마찬가지로 당당해야 합니다. 좋은 의견이든 아니든 누가 어떠한 의견을 펼치고 있으며, 그 해답을 줄 수 있는 신분이 확실할 때에만 받아드려야 하지 않을까 생각해 봅니다. 그것은 편지 형식으로 된 투서를 접했을 때, 무기명으로 된 것은 아예 각하시켜버리는 것과 같은 이치입니다.

부디 이 인터넷 광장이 이 세상의 어둡고 그늘진 모든 구석을 두루 살펴, 환하고 밝은 세상을 인도할 수 있는 길잡이가 될 수 있도록 우리 모두 노력해야 되겠습니다.

권력의식의 재구조화가 필요하다

유고연방의 밀로셰비치 대통령은 철권정치 13년간 말로에 권력이란 무상함이라는 교훈을 주었습니다.

밀로셰비치가 시민의 항거에 못이겨 퇴진을 선언하던 날, 격렬한 시위는 '피의 시대 종식을 환영하는 축제의 장'으로 변했고, 수십 만명의 시민이 거리로 뛰쳐나와 노래를 부르며 승리의 기쁨을 나누는 모습을 보았습니다. 시민들 중에는 '밀로셰비치 정권이 끝난 오늘날이야 말로 바로 내 인생에서 가장 중요한 순간'이라고까지 표현하고 있었으니 이 얼마나 비극적인 일인가요.

대통령은 국민을 위해서 존재해야 하는 바, 국민들의 거부반응이 이 정도라면 밀로셰비치 대통령 개인적으로도 불행스런 일이 아닐 수 없습니다. 대통령이라는 막대한 권력을 국민들 편에 서서 행했더라면 그 자리를 그만 두었어도 길거리에서 업적에 고마워하는 국민들과 다정하게 담소하며 활보할 수 있었을 텐데 하는 아쉬움이 앞섭니다.

권력이란 대통령뿐 아니라 크든 적든 간에 위치에 따라 그에 상응하는 정(正)과 부(否)적인 측면의 양면성을 동시에 지니고 있습니다. 부(否)적인 측면에서 악행을 위해 사용할 수 있는 권력의 범위가 있을 때는, 반드시 정(正)적인 측면의 선행을 위해서도 사용할 수 있는 범위를 지니고 있는 법입니다.

주어진 권력을 자신의 독단에 의하여 자신과 소수인만을 위해 사리사욕에 활용한다면 그 범주 외의 사람들에게는 원성만을 안겨줄 것은 분명한 일입니다. 그러나 그 반대의 경우라면 그에 관계되는 모든 사람에게 복된 삶을 열어줄 수도 있습니다. 그런데 대부분의 사람들은 그렇지가 않습니다. 쥐꼬리만한 권력이라도 잡게 되면 그 위치에 있기 전에 품었던 제법 참신하고 신성하며 봉사적인 마음들은 사라져버리고 자신의 이익 챙기기에만 급급하다가 결국 추락해버리는 모습은 참으로 딱한 일이 아닐 수 없습니다.

그러고 보면 사회를 위해 얼마나 헌신하느냐 하는 것은 지위 고하의 문제가 아니고, 어떤 인성을 함유하느냐가 문제입니다. 얼마나 많은 지식을 소유하고 있느냐가 아니라, 어떤 지혜로 삶을 펼치느냐가 문제입니다. 사회는 나를 원하고 나는 사회를 위해 필요하다는 신념으로 자타의 복된 터전을 위해 자신이 행할 수 있는 권력을 십분 활용함이 필요하다고 봅니다.

결국 그렇게 하는 것이 자신을 위해서도 가장 큰 보람이 될 것입니다. 그런 의미에서 마음속에 내재되어 있는 권력의식에 대한 강력한 재구조화가 요구됩니다. 그러한 의식의 개혁을 통하여 자신이 현재 위치에서 행할 수 있는 권력에 대한 정(正)적인 선행을 위해 최선을 다한다면 그것이 바로 밝은 사회를 만드는 첩경이 되기 때문입니다.

결국 이 모든 것의 근본 바탕에는 바른 심성이 자리하고 있는 것이며, 권력을 잡기 전 인격 수양이야말로 필수적 요소인 것이고, 이것은 또한 국운까지도 좌우할 수 있는 핵심 요소인 것입니다.

교육은 어머니 마음속에 있다

요즈음은 도처에 교육에 대해 아는 사람이 너무 많아 누가 교육을 하고 있는 지 알 수가 없습니다. 사회인이나 학부모 등 계층에 관계없이 교육에 관한한 일가견을 모두 가지고 있어서 웬만한 교육 이론은 통하지도 않습니다. 그런 가운데 교육은 멍들어 가고 있지만 그에 대한 책임은 전혀 생각 밖입니다.

학교 교육은 인간의 성장단계 중 제일 중요한 시기에 가장 효과적으로 이루어져야 한다는데 이견이 없습니다. 그런데 교육 수요자 측면에서는 자녀들이 어쩔 수 없이 거치는 하나의 단계로서의 교육만을 염두에 두고 있는 것이 현실인 것 같습니다.

하긴 현대는 지식정보화 시대로 학교 교육이 아니더라도 지식을 습득할 수 있는 범위는 무한정으로 넓습니다. 그러나 사람답게 품어야할 심성이 빈곤한 채, 지식만을 습득한다면 우리 사회는 어떻게 될까요?

아마 그 사회는 참으로 황량하고 메마른 사회가 될 것은 분명합니다. 그렇기 때문에 지식의 장(場)만이 아닌 지성의 장(場)으로서의 학교가 필요한 것이고, 학부모 또한 학생들에게 지덕체의 고른 인격형성의 필요성을 인식하여 학교를 선택한 것입니다.

그런데 그러한 바람과는 대조적으로 '어머니 마음속'에서는 학교에서 행한 모든 교육을, 심지어는 잠재성 교육까지도 재 가공시킴으로써 교육효과를 반감시키거나, 그 반대 측면에 설 때가 있습니다. 즉 어머니 마음속에 깊숙이 들어 있는 뿌리 깊은 이기심이 바로 정상적인 학교 교육에 오히려 많은 걸림돌이 될 때가 있다는 이야기입니다.

학교 교육은 건전하면서도 건강해야 합니다. 미래의 건전한 싹들을 위해서 틀림없이 그렇게 되어야 합니다. 어떤 이해관계에 의해서 고려되어도 아니 되고 편파적일 수는 더욱 없습니다. 진정한 교육을 위해서라면 학교와 학부모는 분명히 해야 할 몫이 따로 있는 것입니다.

학부모는 교육의 선도자나 재가공자가 아닌 내조자로서 그 바람직한 성장을 위해 동반자 역할에 충실해야 합니다. 그렇지 않고 자녀에 대한 이기적 사랑만 주장할 때는 강인한 자녀를 키우는데 도움이 되기는 커녕 해악만을 끼칠 수가 있습니다. 그것은 결국 자녀에게 조숙한 낙하를 유도할 수도 있습니다. 이것은 식물에서도 가을 낙엽만 있는 것이 아니라 싱싱한 6월에도 진다는 사실에 비춰보면 별다를 게 없으리라 봅니다.

학교 교육은 인간 형성의 기본 교육이며 지성 교육입니다. 그 속에는 윤리와 도덕이 깔려 있고 협동과 봉사를 바탕으로 한 인내와 의지, 양보심을 키워주고 인간관계를 터득해 나가는 공공의 장이 함께 하고 있는 것입니다. 여기에 어머니의 사사로운 마음이 작용한다면 교육 프로그램의 입력에 차질을 빚을 수 있습니다. 때로는 그 과정이 애처롭게 느껴질 때에도 그것이 하나의 인간으로서 자라기 위한 허물을 벗는 아픔이라고 생각하면 능히 참아낼 수 있으리라 봅니다.

어머니의 마음속이 넓고 깊으면 그만큼 자녀의 마

음도 큰 것이요, 좁고 얕으면 역시 그렇게 형성되는 것입니다. '장한 아들 뒤에 장한 어머니'라는 말은 빈 말이 아닌 것입니다.

즐거운 교사가 즐거운 학교를 만든다

교사가 즐겁지 않고 학생이 즐거울 수 없고, 관리자가 즐겁지 않고 교사가 즐거울 수 없습니다. 결국 이들이 즐겁지 않다면 즐거운 학교는 탄생할 수 없는 것이 간단한 논리입니다.

그런데 요즘 우리 학교 현장엔 즐겁고 싶어도 즐거운 요소가 없는 것 같습니다. 강렬하게 쏟아지는 학부모들의 이기적 사랑, 自由奔忙한 학생들의 추월성 사고방식, 교원정년 단축과 같은 교사의 자존심을 송두리째 흔들어 놓는 갖가지 교육 정책들, 어느 것 하나가 학교를 향한 교사의 발걸음을 가볍게 해주는 것이 없습니다.

게다가 더욱 가슴 아픈 일이 있습니다. 그것은 이렇게 교육현장에 괴리의 골이 깊은 데도 그 어디에서도 뚜렷한 해법의 목소리가 들리지 않는다는 데 있습니다. 그뿐 아니라 우리 주변에 교육과 간접적인 관계를 맺고 있는 요소들까지도 모두가 교육을 위하는 것보다는 오히려 그 반대편에 서있는 듯한 느낌이 들어 실망을 더욱 가중시킵니다.

그러나 교사는 즐거워야 합니다. 교사가 즐겁기 위해서는 교사 가까이 있는 관리자가 먼저 즐거워야합니다. 즐거운 관리자는 즐거운 교사를 만들고, 즐거운 교사는 즐거운 학생을 탄생시킬 수 있기 때문입니다. 사실 아무리 교육정책과 환경이 훌륭하다 할지라도 이들의 관계가 즐겁지 않음으로써 형성될 수 있는 황량한 학교는 얼마든지 상상할 수 있습니다.

교육이 바로 인간들 사이의 交通 속에서 이루어지는 것이라면, 바람직한 인간관계는 그 첫번째로 세울 교육적 과제입니다. 아무리 열악한 교육 조건이라도 관리자, 교사, 학생, 학부모의 인간관계가 잘 형성된다면 다같이 보람을 느낄 수 있는 아늑한 학교 건설은 쉬운 일입니다.

그래서 교육 구조 가운데에서 가장 기본이 되는 것이 바로 교육가족 상호간의 관계인 것이고, 그 관계 속에서 가장 소중한 것은 다른 사람에게 관용과 포용을 베풀며, 사랑을 쏟아 붙는 일입니다. 그러한 일은 아무리 지나쳐도 닳지도 않고, 메마르지도 않으며, 힘들지도 않고, 더구나 예산이 필요한 것도 아닙니다.

그러나 그 무한한 에너지를 큰 보물이나 아끼듯 아낌으로써 비롯된 황폐화의 예는 사회 곳곳에서 얼마든지 찾아볼 수 있습니다. 인간의 본질을 형성하고 다시 곱게 다듬는 학교생활에선 그 것이 더욱 절실합니다. 그러므로 학생과 교사가 하루의 대부분을 보내는 학교생활에선 그것이 더욱 절실합니다.

학생과 교사가 하루의 대부분을 보내는 학교생활 공간은 윤택한 곳이어야 합니다. 이곳이 윤택하기 위해서는 물리적 환경도 중요하지만, 그 보다 더 중요한 것은 인간미가 촉촉하게 스며있는 곳이어야 합니다. 그리고 그 촉촉함 속에는 관리자의 넓은 마음이 가장 먼저 녹아 있어야할 필요약입니다.

교사에게 있어 이 처방은 다른 어떤 교육적 요소보다도 즐거운 학교 건설의 원동력입니다.

다른 직장과 마찬가지로 교사에게도 학교라는 직장

이 즐거운 곳이면 그 하는 일도 즐거운 것입니다. 일이 아무리 어렵고 힘들지라도 내 일이라 생각되고, 그 속에서 보람도 느끼고 희망을 쌓으며 교사 개인적으로도 즐거운 생활을 창출할 수 있는 것입니다.

그렇지 않을 땐, 하찮은 일도 이것은 남의 일, 남을 위해 하는 일이요, 내가 안해도 다른 사람이 할 것이라는 소극적, 타율적인 생각에 젖어 괴롭고 지루한 감만 쌓일 것입니다.

그리고 그 폐해는 온통 학생들의 몫이 되는 것입니다. 그렇기 때문에 학생에게 사랑과 대화로써 꿈을 심어줄 수 있는 즐거운 학교 건설은 관리자의 학교를 향한 첫 걸음부터 연유되어야 합니다. 그 걸음 속엔 학생과 교사는 물론 교육의 저해 요소들까지도 품을 수 있는 참다운 고민이 서려 있어야 합니다.

결국 즐거운 학교는 관리자의 연출에 따라 배우역의 즐거운 교사가 관객인 학생에게 즐거움이 전이될 때 가능한 것입니다.

거목의 그림자를 따라

'인장지덕이요 목장지폐'라고 했습니다. 나무는 큰 나무 밑에 있으면 해를 입지만, 사람은 큰 사람 밑에 있으면 덕을 본다는 말입니다.

여기에서 덕을 본다는 말은 졸개 근성을 따라다니며 출세의 길을 트거나 과실의 덕을 본다는 말이 아닙니다. 덕이 있는 사람과 함께 함으로써, 그 분의 깊고 넓은 언행과 생활에 대한 지혜를 본받아 삶의 좌표를 삼는다는 말입니다.

사람은 함께 있으면 그에 젖기 마련입니다. 젖는다는 것은 자신도 모르게 작용받는 환경적 요소로써,

사람이 살면서 어떻게 젖어 가느냐 하는 것은 자신의 운명과 결코 무관한 것이 아닌 것입니다.

그러므로 인간은, 다른 생물도 그렇겠지만, 상호 밀접한 관계 속에서 긴밀한 영향을 주고받으며 독특한 개체를 형성해 가는 것입니다. 따라서 덕이 높고 사려가 깊으며 그 활동이 모든 사람들을 위한 살신성인과 같은 사람들은 그 주변사람들 뿐 아니라 간접 영향권에 있는 모든 사람에게까지도 깊은 감명을 주어 삶을 개척하는데 큰 활력을 줄 수 있는 것입니다.

즉 그런 사람들은 눈에 보이지 않는 인간의 향기로써 모든 사람들을 젖게 하여 좋은 기풍과 양속을 조성하는데 강력한 힘을 발휘하고 있는 것입니다.

이러한 분들이 많으면 많을수록 이준 열사가 말한 대로 그 나라는 '땅이 커서 대국이 아니라, 인재가 많아 대국'이 되는 것이며, 사회 또한 건실하게 성장할 수 있는 것입니다.

나무와 달리 인간 사회에서는 거목 밑에서 거목이 자랍니다. 그것은 '孟母三遷之敎'가 주는 교훈처럼 환경의 상호작용이 인물 형성에 큰 영향을 끼치기 때문만이 아니라, 이런 거목과 함께 있는 집단 구성원들의 몸에는, 그 사람의 행실이 몸에 젖어 모두가 거목이 될 수 있는 자질이 길러지기 때문입니다.

그래서 거목은 사회구조의 청량제인 것이며, 아름다운 사회건설의 선구자입니다. 그런데 여기서 거목이란, 큰 성공으로 널리 알려진 사람만을 일컫는 것이 아니요, 자신이 처해있는 위치에서 그 소임을 다하고, 주변과 그가 속해 있는 사람들에게 깊은 감명을 줌과 동시에 그 뜻과 업적이 오래도록 빛날 그런 사람인 것입니다.

우리는 주변에서 이런 분들의 그림자 속에 촉촉하게 스며있는 깊은 의미를 새겨 볼수록, 우리의 발전에 대한 확고한 신념을 얻을 수가 있을 것입니다.

이런 분들은 한평생동안 교육이란 외길 인생을 걸으면서 제자 기르는데 젊음을 산화했던 그런 분들이며, 아직도 그 눈빛 속에는 총명한 지혜와 예리한 판단력이 살아 움직이고 있는 분들입니다.

스피노자가 말하길, '내일 종말이 올지언정 한 그루의 사과나무를 심겠다'라고 했습니다. 이 말은, 우리에게 그 끝이 보일지라도 자기 본분을 다하며, 내일을 준비해야 한다는 교훈을 주고 있는 것입니다.

교육계의 거목들로써 이런 분들이야말로, 우리에게 이 교훈을 생생하게 실천해주고 있습니다. 몸은 떠나면서도, 정신만큼은 영원히 머무를 교단에서 오늘도 제자와 후배들의 사표가 될 사과나무를 심고 있기 때문입니다. 그래서 역시 거목은 인간사회에 덕(德)이라는 그림자를 남겨주어, 우리의 삶에 참다운 의미를 부여해주는 인도자요, 이 사회에서 더불어 살아갈 맛이 나게 하는 선각자이며, 우리 모두가 언젠가는 본받아서 또 다른 덕을 낳아야할 의무를 안겨주는 진정한 의미의 인격자입니다.

결국 우리 사회는 이런 분들이 있기 때문에 유지되는 것이요, 그들의 그림자 속에는 항상 삶에 대한 진리가 깃들어 있는 것입니다.

올바른 청소년 교육

연일 매스컴을 통하여 청소년 비행에 관한 보도가 나올 때마다 가슴이 저려오는 무거운 죄의식에 사로잡힙니다. 잘못된 청소년에 대해서는 청소년 자신은 물론 부모나, 기성인, 사회지도층 등 모두에게 책임이 있기 때문입니다.

그런데 학교나 사회의 모든 곳에서 청소년지도에 임하는 모든 관계자들은 한결같이 청소년들이 곱게 자라기를 바라는 간절한 마음으로 교육을 하고 있건만 왜 이렇게 청소년들은 날로 난폭화, 지능화 되어 가고 있을까요?

그것은 우리가 청소년에 대하여 가슴을 키우는 교육보다 머리만 키우는 교육에 치우치지 않았나 하는 반성에 이르게 합니다. 청소년들은 알아야할 것을 몰라도 문제가 되지만 몰라야할 것을 너무 잘 알고 있을 때, 문제는 더욱 심각하게 전개된다고 봅니다.

즉 청소년들은 모든 새로운 사실을 가슴으로 받아들여 자신의 새로운 창의력으로 재생산하기보다는 알지 않아도 될 갖가지 정보를 머리만으로 입수하여 제멋대로 판단하고, 제멋대로 편집하며, 제멋대로 재현하는데 문제가 있습니다.

이제 청소년들을 위해 모두가 나서야 할 때입니다. 청소년 문제를 어느 한편에 책임 지우기에는 너무 골이 깊어 있기 때문입니다. 물론 교사는 백배의 노력을 경주해야 되겠지만 학부모를 비롯한 모든 기성인들이 함께 노력하지 않으면 청소년 문제는 더욱 심각하리라 봅니다. 학교에서 아무리 참다운 교육을 시행하더라도 학생이 사회의 부정적 흐름에 노출되었을 때, 그것은 그대로 모방되고 답습되기 때문에 기성인의 모범이야말로 청소년을 바르게 이끄는 가장 중요한 요소라 보겠습니다. 우리는 지금까지 청소년들을 너무도 풍족하게 키워 왔습니다.

귀하게만 키워 왔고, 원하기만 하면 무엇이든 가질 수 있게 해주었으며, 모든 면에 있어 노력과 열성보다는 머리만 굴려도 소원을 쉽게 이룩할 수 있도록 해줌으로써, 다른 사람이야 어떻게 되든 나의 만족만을 채우는 에고이즘에 젖은 청소년을 길러왔다 해도 과언이 아닙니다. 이제 우리는 청소년들의 가슴 키우는 교육에 전념해야 합니다.

고가의 화분 속에 화초는 적당한 물(사랑)을 준 다음 바싹 말려야(극기) 건강하게 자라는 법입니다. 마찬가지로 사랑만 받으며 제 고집만 피우던 청소년들에게 적절한 극기와 절제를 알게 함으로써 사랑의 고귀함을 느끼게 할 수 있고, 뜨거운 뙤약볕에서 서로 협동하여 일하는 고통을 맛보았을 때 땀방울의 고귀함을 느낌과 동시에, 다른 사람과 더불어 사는 즐거움을 배울 수 있는 것입니다.

또한 배고픔과 아쉬움을 실제로 느껴 보았을 때야 비로소 물건의 귀하고 소중함을 알 수 있는 것입니다. 이렇게 어렵고 힘든 일을 청소년들이 스스로 해결해 보는 과정에서 자신의 생활을 건전하게 꾸미는 방법과 타인의 생활에 보람을 더할 수 있는 따뜻한 가슴을 키우게 되는 것입니다.

청소년들은 무한한 가능성과 에너지를 함축하고 있습니다. 이 가능성과 에너지가 어떻게 방출되느냐에 따라 그 결과는 정반대 현상을 낳게 됩니다. 즉 이 방출이 가슴으로 방출할 때는 긍정적인 뜨거운 정열로 승화되어 사회발전에 기여하는 에너지가 되겠지만 머리만 굴려 즉흥적인 흥미와 교묘한 부정적 수단으로 전개될 때 문제의 심각성은 걷잡을 수 없는 것이 됩니다.

이제 청소년의 가슴에 감화와 감동을 주는 가정의 절제를 통한 기본생활 교육, 학교의 노작활동을 통한 체험교육, 사회의 모범을 통한 모방교육이 제대로 이루어 질 때 청소년은 바르게 성장할 것이고, 나라의 장래 또한 밝으리라 믿습니다.

교육감은 아무나 하나

장래의 꿈나무들을 키워야할 한 고을의 수장인 교육감은 아무나 하는 것이 아닙니다. 더구나 170만명이라는 전국에서 가장 많은 꿈나무들을 가꿔야할 경기도 교육감이야말로 더욱 그러합니다.

교육감은 정치가와는 다릅니다. 그 전문성부터가 그렇겠지만, 상대인 미성년자의 바람직한 성장을 책임져야 하기 때문에 그에 걸맞은 순수성이 내재되어야 합니다. 교육감이라는 직책을 어떤 출세의 발판으로 삼는다든지 또는 어떤 집단 세력의 정책 실현의 장으로 삼는다는 것은 있을 수 없는 일입니다. 하물며 어떤 허황된 논리로 그 순수성을 저버리는 일은 아예 배제되어야 합니다. 그런데 금번 교육감 선거에서 일부 후보들의 소견을 들은 사람들의 한결 같은 말은, 실망 바로 그것이었습니다. 그 발표장의 청중들은 학교운영위원들인 교사, 학부모, 지역인사, 그리고 어린 학생들입니다. 다시 말해서 교육과 직접적 관련 있는 순수한 사람들인 것입니다.

여기에 후보들은 자기가 교육감이 된다면 소속 고을 교육을 어떻게 할 것인가 하는 청사진을 제시하면 되는 것이고, 유권자 또한 자기의 뜻에 맞는 교육시책을 펼칠 수 있는 후보를 고르면 되는 것입니다. 이것이 바로 간단한 논리입니다.

그런데 그것이 아니었습니다. 소견 내용 속에 들어있는 독소들은 차마 듣기에 가관이라는 말밖에는 할 말이 없습니다. 어떤 선거가 되었건 선거 유세에서 유권자들의 바람은 한결 같습니다. 타인을 헐뜯는 험담만을 듣기보다, 타 후보나 현재의 상황의 좋은 점을 들추고 거기에 자신이 책무를 맡았을 때, 어떤 방식을 첨가하여 더욱 발전시키겠다는 내용을 바라며, 그것이 오히려 청중의 동감도 더 얻으리라 봅니다.

특히 스승의 본보기인 교육감 유세는 말할 것도 없

으며, 교육감이 된 다음에 미래교육의 발전적이고 현실적인 청사진을 제시하는 것은 당연한 일입니다. 이 청사진은 실현 가능하고 절실한 것이어야 하며, 구호에만 그칠 수 있는 것은 오히려 유권자를 우롱하는 처사입니다. 그런데 청사진은 고사하고, 준비 기간 중에 타인의 비방만을 위한 로켓포라도 만든 양, 포탄만 퍼붓는가 하면, 지금 현재의 교육행정이 비리 덩어리에 싸여 와해되고 무너져 내리기나 하는 것처럼 위기의식을 조장할 뿐 아니라 자신의 지금까지의 교육 현장과는 전혀 관계가 없는 것과 같은 행세입니다. 마치 강 건너에서 불구경만 하던 사람이 선거에 초청되어 온 사람인양, 그것도 악담만 늘어놓기 위한 모습도 보였습니다.

아무튼 이 모든 것이 교육감이 되고자 하는 후보들의 그릇의 크기라고 생각하면 더 이상 할 말이 없습니다. 그렇지만 적어도 교육감이 되려고 생각했으면 자기 그릇의 크기 정도는 먼저 알아야 하지 않나 하는 아쉬움이 남을 뿐입니다. 그렇기 때문에 교육감은 아무나 해서도 안 되고, 아무나 할 수도 없는 자리인 것입니다.

훈화집

초판 인쇄일 : 2005년 1월12일
재판 발행일 : 2012년 1월10일

글쓴이 : 박춘길
펴낸곳 : 도서출판 청연

등록번호 : 제 18-75호
주소 : 서울시 금천구 독산동 967번지 2층
전화 : (02)851-8643
팩스 : (02)851-8644

* 잘못 만들어진 책은 바꾸어 드립니다.
* 좋은 원고를 찾습니다.
* 책값과 바코드는 뒤표지에 있습니다.